SEHR GUT
KOCHEN

SEHR GUT KOCHEN

Die besten Rezepte aus der test-Küche

Vera Kaftan
Dorothee Lennert

INHALT

EINFÜHRUNG Seite 8

SUPPEN Seite 22

SALATE Seite 50

FISCH UND FLEISCH Seite 78

GEMÜSE Seite 112

KARTOFFELN, PASTA, GETREIDE Seite 150

SAUCEN, SALSAS, PESTOS Seite 178

SÜSSES Seite 194

REGISTER Seite 224

SUPPEN Seite 22

Gurkenkaltschale mit Roter Bete
Tomatensuppen heiß und kalt
Gazpacho
Erbseneintopf mediterran
Frühlingsfrische Erbsensuppe
Karottencreme mit Vanille
Kartoffelsuppe mit Salbei
Klare Steinpilzsuppe
Aroma-Hühnersuppe
Arabische Bohnensuppe
Kohlsuppe mit Pistou
Rote-Bete-Suppe mit Meerrettich
Butternut-Creme mit gerösteten Kürbiskernen

SALATE Seite 50

Insalata di Melanzane
Pfannensalat mit Parmesan-Crackern
Panzanella
Chicoree karamellisiert
Glasnudelsalat
Kartoffelsalat mit Wein
Löwenzahn an Bohnenpüree
Roquefort-Birnen-Salat
Rote-Bete-Salat
Wildreis mit Walnüssen und Ingwer
Zucchini-Melonen-Carpaccio
Traubensalat
Früchtesalat exotisch und gepfeffert

FISCH UND FLEISCH Seite 78

Asialachs
Ceviche mit Nektarinen
Dorade – ganz einfach gebacken
Lachsrolle rot-grün
Wildlachstatar
Matjesröllchen
Fisch an Grapefruitlinsen
Fischgratin mit Kräutern
Entenbrust an Rosmarinapfel
Knoblauchhuhn an Knoblauchpüree
Hühnercurry mit Kardamom
Geschmortes Pfannenfleisch
Balsamicofilet mit Maronenpüree
Schweinerücken sanft geschmort
Dreierlei Tafelspitz
Lammragout orientalisch

GEMÜSE Seite 112

Gemüse al Forno
Knoblauch pur gebacken mit Ziegenkäse
Porree pikant mit Knuspernuss
Wirsinggratin mit Zimt und Thymian
Mangoldlasagne
Sauerkraut global
Rotkohl mit glasierten Birnen
Spitzkohl an Orangensahne
Weißkohl aus dem Wok
Hokkaido gebacken
Ratatouille
Rucola-Kräuter-Quiche
Traubenquiche mit Joghurt
Fenchelgratin mit Parmesankruste
Pissaladière
Honigschalotten
Sesammöhren
Aubergine light

KARTOFFELN, PASTA, GETREIDE Seite 150

Kartoffelgratin mit Camembert
Kartoffeln dreimal anders
Frühlingstortilla mit grünem Spargel
Couscous mit Cranberries
Waldpilzhirsotto
Zitronenrisotto
Skordalia und andere Kartoffelpürees
Pasta mit Oliven
Pasta Parma
Pasta Pomodoro
Pasta Primavera
Blätterteigkörbchen
Krustenbrot ohne Kneten

SAUCEN, SALSAS, PESTOS Seite 178

Salatsaucen mit und ohne Essig
Joghurtsaucen
Pestos
Dips und Mojos
Salsas
Ketchups und Relishes
Chutneys

SÜSSES Seite 194

Flammeri mit gebackenen Zwetschgen
Tarte Tatin
Mandeltorte italienisch
Rhabarberkuchen
Zwetschgen-Crumble mit Rosmarinsahne
Brownies – Pralinen vom Blech
Clafoutis mit Kirschen
Limettentarte
Leichte Schokotorte
Orangentiramisu
Beerengrütze
Himbeer-Joghurtschaum
Sorbets, Granitas, Frozen Yogurts
Gefrorene Schäume und Parfaits

SEHR GUT KOCHEN – SEHR GUT ESSEN

Sehr gut kochen. Was heißt das?

Keine Sorge, wir zelebrieren in diesem Buch keine aufwendige Luxusküche. Und wir gehen davon aus, dass auch Sie keine Ambitionen dieser Art haben. Unsere Rezepte sind alltagstauglich und praktikabel, auch für Anfänger. Sie erfordern selten einen größeren Zeitaufwand, und sie sind meist sogar eher preiswert. Sehr gut kochen ist für uns eine Frage der Einstellung. Es ist die Kampfansage an den Kochtrott, die Freude daran, am Herd Neues zu entdecken, ungewohnte Kombinationen auszuprobieren, Traditionelles mit Neuem zu verbinden. Dazu gehört auch, Lebensmittel mit Sorgfalt auszuwählen, insbesondere frischem Fleisch, Fisch und Gemüse einen gewissen Respekt zu zollen, sich beim Kochen neugierig und mit allen Sinnen auf die Eigenarten der Lebensmittel und vielleicht unbekannter Zutaten einzulassen.

Kreativ kochen: Das Spiel am Herd

Die Rezepte in diesem Buch sind vielfach erprobt, und sie gelingen sicher. Dennoch sollten sie nicht als Dogma verstanden werden, sondern immer auch als Anregung. Oft haben wir nicht komplette Gerichte vorgegeben, sondern nur einzelne Elemente. Die Idee dahinter ist das Baukastenprinzip: Sie selbst bestimmen die Zusammenstellung eines Hauptgangs, eines Menüs.

Jedes unserer Rezepte soll auch eine Idee vermitteln, etwas Besonderes, etwas Neues. Das kann ein bisher unbekanntes Gewürz sein, eine überraschende Kochtechnik, eine ungewöhnliche Zutat oder eine neuartige Kombination. In jedem Fall etwas, das den Speisen einen gewissen Pfiff gibt.

Besonders wichtig finden wir neue kulinarische Akzente rund um Obst und Gemüse. Karamellisieren Sie einmal Möhren in Zucker und Zimt, Chicoree oder simplen Weißkohl in Honig und Kardamom oder Curry: Alltäglichen Gemüsesorten kann man so ganz neue Geschmacksnuancen entlocken.

Auch traditionelle Hausmannskost hat Platz in unserer Küche, wobei wir sie gerne kulinarisch neu interpretieren. Auch das ist eine Anregung, immer wieder Neues auszuprobieren. Entwickeln Sie Kochfanta-

Braten wie die Profis

Auch die oberste Kochliga hantiert meist mit Teflon-Pfannen. Deren PTFE-Beschichtung (Polytetrafluorethylen) garantiert knuspriges Braten ohne viel Fett. Nachteil: PTFE ist kratz- und hitzeempfindlich, die Antihaftwirkung schwindet mit der Zeit, die Schicht kann abblättern. Aber Sie brauchen sich keine Sorgen zu machen, wenn abgelöste PTFE-Teilchen ins Essen gelangen. Sie passieren den Körper unverändert. Da selbst gute beschichtete Pfannen nicht teuer sein müssen, kann man einfach öfter mal die Pfanne wechseln. Ein Wok ist ideal, um Gemüse knackig zu garen, was die Vitamine schont und besser schmeckt. Das klappt, weil sich in der gewölbten Pfanne die Hitze im Boden konzentriert und der Rand kühler bleibt. Indem man Gemüse und Fleisch auf- und abwärtsschiebt, reguliert man die Gartemperatur. Eine Beschichtung spart auch hier viel Fett.

sie, spielen Sie mit den Zutaten und Gewürzen, bleiben Sie flexibel und probieren Sie immer mal wieder neue Varianten. Sehr gut kochen heißt in jedem Fall kreativ kochen.

Entspannt kochen: Ohne Planung geht es nicht

Sehr gut kochen ist auch ein sinnliches Vergnügen – und das ist selbst dann möglich, wenn Sie abgehetzt nach Hause kommen und das Essen in einer halben Stunde auf dem Tisch stehen soll. Wir haben es selbst viele Jahre so praktiziert, für uns ist Kochen Entspannung. Die Rezepte in diesem Buch benötigen oft weniger als dreißig Minuten Arbeitszeit. Da, wo Fleisch mariniert, Gemüse eingelegt, Hülsenfrüchte eingeweicht werden müssen, ist die gesamte Zubereitungszeit natürlich länger. Hier kommt die Planung ins Spiel. Ohne die geht es nicht, wenn Sie täglich schnell, aber eben doch entspannt und mit Muße sehr gut kochen wollen.

Ein wöchentlicher Kochplan – den Sie dann ja gar nicht unbedingt rigoros befolgen müssen – erspart tägliche Einkaufstouren in unterschiedliche Geschäfte. Unsere Zutatenlisten sind zwar meist nicht lang, aber natürlich brauchen Sie Vorräte. Etliche unserer Hauptzutaten verwenden wir ständig, deswegen geben wir Ihnen auf den Seiten 14 bis 21 einen Einblick in unseren Vorratsschrank. Dort finden sich beispielsweise Rapsöl und Olivenöl, auch Balsamessig. Oder Knoblauch, Rosmarin und andere mediterrane Kräuter. Das liegt daran, dass diese Zutaten sehr vielseitig einsetzbar sind, besonders gesund und würzig sind. Zudem gibt es langlebige Lebensmittel, die in Ihrem Vorratsschrank immer zu finden sein sollten: Reis, Nudeln, Hülsenfrüchte, Kartoffeln, Zwiebeln, Trockenfrüchte, Nüsse, auch Konserven

Scharfe Klingen quetschen nicht

In Windeseile Gemüse schnippeln, hauchdünne Scheiben schneiden und obendrein Nüsse hacken – das schafft nur ein wirklich scharfes Messer. Es ist der wichtigste Küchenhelfer. Damit werden Kräuter, Gemüse, Fisch und Fleisch nicht gequetscht und bleiben saftig. Je länger die Schneide, desto schneller, exakter und kräfteschonender ist die Küchenarbeit. Kurze Messer sind handlicher, aber weniger praktisch beim Wiegen und Hacken. Wenn Sie ein neues Messer kaufen, denken Sie daran, dass kantige Griffe auf Dauer anstrengend sein können.

Seit vielen Jahren veröffentlichen wir Monat für Monat auf der letzten Seite des Magazins test ein Rezept. Das Besondere daran: Jedes hat eine bestimmte Idee. Ungewohnte Zutaten und Kombinationen, wiederentdeckte oder neue Obst- und Gemüsesorten, exotische Gewürze haben uns dabei schon immer besonders fasziniert. Zweimal haben wir diese Rezepte in einem Kochbuch zusammengefasst. Das letzte – „Das neue Kochbuch durchs Jahr" – erschien vor fünf Jahren. Seither haben wir in test viele neue Rezepte veröffentlicht, und in unseren Küchen – und nicht zuletzt auch in unseren Köpfen – sind noch mehr neue Rezepte und Ideen entstanden. Die besten haben wir in diesem Buch zusammengefasst. Wir wünschen Ihnen entspannten Spaß am Herd und genussvolle Stunden bei Tisch.

Vera Kaftan, Dorothee Lennert

wie eingelegte Tomaten, Dosentomaten, Erbsen, Linsen, Bohnen, einige Tiefkühlprodukte wie Blattspinat und grüne Erbsen, Blätterteig. Und natürlich brauchen Sie einen gewissen Fundus an Gewürzen. Der sorgt dafür, dass Sie auch mal ohne Planen ganz spontan kochen können. Überraschungsgäste können Sie so allemal mit einem Süppchen, einer Pasta, einer Quiche beglücken.

Gäste sind immer eine Herausforderung. Es gibt Menschen, die zaubern vor den Augen anderer in aller Ruhe komplizierte Menüs. Wir gehören nicht zu diesen Köchen. Wir sitzen mit unseren Gästen am liebsten entspannt am Tisch, während in der Küche irgendetwas vor sich hin brutzelt, das unserer ständigen Aufmerksamkeit nicht bedarf. Das heißt, wir erledigen den größten Teil des Kochens am liebsten, bevor die Gäste kommen.

Wunderbar geeignet sind dafür beispielsweise Ragouts, die schon am Tag zuvor vorbereitet werden können. Erstaunlicherweise aber auch Braten, die nach der Niedrigtemperaturmethode bei 80 Grad stundenlang gemächlich vor sich hin garen. Dabei kann nichts austrocknen, nichts verbrennen. Gourmetkoch Wolfram Siebeck hat diese Methode propagiert. Dabei ist sie nicht neu. Eine Kochkollegin erinnert sich noch an den „Pastorenbraten". In der Küche ihrer Großeltern kam sonntags in aller Frühe das tags zuvor präparierte Fleischstück in die Röhre, mittags nach dem Gottesdienst wurde es verspeist. Ein schönes Beispiel dafür, dass die Entdeckung der Langsamkeit ein echter Zeitgewinn sein kann.

Schnell und dabei sehr gut kochen, also ohne großen Zeitaufwand, heißt konzentriert kochen, bedeutet Versenkung. Kochen hat durchaus etwas Meditatives – und genau deshalb ist es auch so entspannend.

Sehr gut essen

Sehr gut kochen und sehr gut essen: Beides ist eng miteinander verbunden. Wenn bereits die Zubereitung Spaß gemacht hat und mit allen Sinnen genossen wurde – bunte Gemüseberge, der aromatische Duft angeschwitzter orientalischer Gewürze, die leicht krosse Elastizität eines perfekt angebratenen Stückes Fleisch –, dann ist der Genuss beim gemeinsamen Mahl vermutlich noch größer. Und auch ein wenig Wissen über Ernährung, über das, was unserem Körper guttut – selbst eine gewisse Kontrolle –, befördert das Essvergnügen. Genuss ist nicht nur ein Bauchgefühl, er entsteht auch im Kopf. Es ist gar nicht so schwierig, beim Essen auf die Gesundheit zu achten, es spornt vielmehr zur Kreativität an: So entsteht eine sehr gute Küche für alle Sinne.

Vom Umgang mit Maßen und Mengen

Bei den Rezepten haben wir kleine Mengen oft in Ess- beziehungsweise Teelöffeln angegeben. Für den Koch-alltag ist das praktisch und genau genug, obwohl Löffel nicht immer gleich groß sind. Ein Esslöffel fasst 10 Gramm Öl, je nach Größe aber auch mal 12 oder sogar 15 Gramm. Bei manchen Rezepten kommt es aber auf ein paar Gramm mehr oder weniger an. Dann muss die Küchenwaage her. Für große Mengen ist sie ohnehin unentbehrlich.

Was wiegt wieviel?

	1 EL	1 TL
Öl	10–15 g	4 g
Zucker	12–15 g	5 g
Honig	22–25 g	8 g
Mehl	8–10 g	4 g
Saure Sahne	16–20 g	6 g

mittelgroße Kartoffel	80–100 g
mittelgroße Möhre	70–100 g
mittelgroße Tomate	50–60 g
mittelgroße Zwiebel	40–50 g

Abkürzungen
EL Esslöffel
TL Teelöffel
g Gramm
kg Kilogramm
l Liter
ml Milliliter
Fett i. Tr. Fett in Trockenmasse

Kontrolle ist besser
Thermometer sind ein sehr sinnvolles Hilfsmittel in der Küche: Ein Fleischthermometer lässt uns gewissermaßen in das Innere des Bratens schauen, ohne ihn anzuschneiden. Unverzichtbar für das präzise Garen bei Niedrigtemperatur ist ein Ofenthermometer, denn Herde halten die eingestellten Temperaturen im Backofen nicht immer ein.
Ein Kühlschrankthermometer ist ebenfalls sinnvoll und hilft bei Empfindlichem. Damit zum Beispiel Hackfleisch die aufgedruckte Frist tatsächlich erreicht, darf es nicht wärmer als 2 Grad Celsius lagern. Aber selbst in einem gut eingestellten Kühlschrank kommen manche Ecken auf 8 Grad Celsius. Umgekehrt leidet ein Kopfsalat bei kühlen 0 Grad, die Blätter fallen zusammen.

Herdtemperaturen in °C		
Ober- und Unterhitze	Umluft	Gasstufe
150 °C	140 °C	1
180 °C	160 °C	2
200 °C	180 °C	3
225 °C	200 °C	4
250 °C	220 °C	5

Schauen Sie nach den Nährwerten
Wir haben zu jedem Rezept die wesentlichen Nährwerte aufgelistet. Wenn Sie diese Werte völlig uninteressant finden, sind Sie wahrscheinlich in einer beneidenswerten Lage. Sie sind rank und schlank und mit ihrer Figur zufrieden. Sie sind gesund und sich sowieso sicher, dass Sie sich richtig ernähren. Wenn das nicht der Fall ist, sollten Sie ab und zu einen Blick auf die Nährwerte werfen, insbesondere auf den Kaloriengehalt der Speisen. Leider ist bei den meisten Menschen der Kalorienbedarf niedriger, als sie selbst glauben. Zum einen aus Mangel an Bewegung. Zum anderen, weil der Grundumsatz – das, was der Körper an Energiezufuhr braucht – ab vierzig kontinuierlich sinkt. Aber der Appetit bleibt meist gleich, und die Gewichtszunahme ist damit programmiert.

Die meisten Kalorien stecken im Fett. Ein Gramm hat gut 9 Kilokalorien, etwa das Doppelte von dem, was Eiweiß oder Kohlenhydrate haben. Deshalb gilt nach wie vor die Regel, dass nicht mehr als 30 bis 35 Prozent der täglichen Kalorienration von Fett stammen sollte. Kurze Rechnung: Angenommen, Sie verbrauchen 2000 Kilokalorien pro Tag, dann dürfen 600 bis 700 Kilokalorien aus Fett stammen. Das sind etwa 70 Gramm Fett. Das erscheint Ihnen reichlich? Ist es nicht, Sie müssen versteckte Fette in Käse und anderen Milchprodukten mitrechnen. Bei einigen unserer Rezepte haben wir mit Fett aus geschmacklichen Gründen nicht unbedingt gegeizt, uns nicht an die 30-Prozent-Formel gehalten. Reduzieren Sie in solchen Fällen die Fettkalorien der Beilagen oder anderer Mahlzeiten. Da wir bevorzugt sehr gesunde Pflanzenöle wie Raps- und Olivenöl verwenden, sind Sie, was die gesunde Zusammensetzung der Fettsäuren angeht, auf der sicheren Seite.

Achten Sie darauf, dass Sie genug Eiweiß bekommen. 15 Prozent des Kalorienbedarfs pro Tag sollten es sein. Bei 2000 Kilokalorien sind das etwa 75 Gramm Eiweiß. Bevorzugen Sie magere Milchprodukte, Hülsenfrüchte, fettarmes Fleisch.

Kohlenhydrate stecken in Brot, Nudeln, Reis, Kartoffeln, in Früchten und in Gemüse. Hier dürfen Sie reichlich zulangen. Vorsicht nur vor Zucker, Süßem und allzu viel Weißmehlprodukten! Sie enthalten die sogenannten einfachen Kohlenhydrate, die sehr schnell verdaut werden und das als Dickmacherhormon verrufene Insulin freisetzen.

Mahlzeiten: Dreimal am Tag
Der Mensch hat ungefähr alle 5 Stunden Hunger. Im Prinzip reichen also am Tag drei Mahlzeiten: Frühstück, Mittagessen, Abendessen. Die viel gepriesene kleine Zwischenmahlzeit ist meistens eine Kalo-

rienfalle. Idealerweise sollte sie nur aus einem Stück Obst oder einem Joghurt bestehen. Süßigkeiten oder Kuchen (selbst jene aus diesem Buch) sollten die Ausnahme sein.

Wann die tägliche Hauptmahlzeit stattfindet, zu Mittag oder am Abend, ist letztendlich egal. Wer berufstätig ist und gern mit der Familie entspannt bei Tisch sitzen möchte, wird seine Hauptmahlzeit in die Abendstunden legen. Ernährungsmediziner sehen das bisweilen kritisch. Sie meinen, dass spätes Essen eine Gewichtszunahme begünstigt, da sich im Laufe des Tages der Stoffwechsel verlangsame. Im Gegenzug propagieren sie das ausgiebige Frühstück. Wenn wir aber zu Italienern und Franzosen schauen, bemerkt man vor allem eines: Die frühstücken seit eh und je kaum und tafeln erst am späten Abend ausgiebig – und sie sind weder dicker noch ungesünder als die Deutschen. Über die Gewichtszunahme entscheidet letztlich nur die täglich aufgenommene Kalorienmenge, was und wie viel Sie essen. Probieren Sie also aus, wie Sie am besten über den Tag kommen.

Warmes und Kaltes

Für die meisten von uns ist es wichtig, mindestens einmal am Tag warm zu essen. Ein heißes Süppchen beispielsweise wärmt Körper und Seele. Dem Körper aber ist es letztlich nicht so wichtig, ob Sie kalt oder warm speisen. Und zumindest bei einem Menü machen Sie sich die Kochvorbereitung sehr viel leichter, wenn Sie auch Kaltes einplanen. Und zwar nicht nur Vorspeise, Salat und Dessert. Gemüsebeilagen schmecken kalt oder lauwarm oft besonders aromatisch. Besonders, wenn Sie vielleicht noch eine Marinade oder Sauce dazu servieren. Eine solche kalte Sauce erspart auch oft die übliche Fleischsauce, die ja erst richtig zubereitet werden kann, wenn das Fleisch fertig gegart ist.

Rohkost aber, die ja allemal kalt serviert wird, ist nicht unbedingt gesünder als Gegartes. Durch das Kochen werden Zellwände aufgeschlossen, bestimmte Inhaltsstoffe werden dadurch für den Körper besser verfügbar. Insbesondere Karotinoide wie das Beta-Karotin in Karotten, das Lykopin in Tomaten werden aus gegartem und zerkleinertem Gemüse besser aufgenommen. Kartoffeln oder gar Hülsenfrüchte wären roh nicht zu genießen.

Obst und Gemüse: Fünf Portionen am Tag

Ganz gleich, wie reichlich oder sparsam Sie essen: Fünf Portionen Obst und Gemüse pro Tag müssen sein. Eine Portion ist eine Handvoll: große Hände, große Portionen, kleine Hände, kleine Portionen. Insgesamt 600 bis 700 Gramm Grünzeug am Tag machen den Ernährungs-

plan rund. Das ist leichter zu schaffen als gedacht: Zwei Stück Obst ergeben ideale Zwischenmahlzeiten und sind auch als Dessert geeignet. Und auch ein Glas Fruchtsaft, am besten frisch gepresst, oder ein Gemüsesaft zählen als Portion. Bleiben noch zwei bis drei Portionen Gemüse: Bereichern Sie Ihre Hauptmahlzeit um eine üppige Gemüsebeilage (in diesem Buch finden Sie viele Vorschläge), essen Sie einen Salat dazu, verzichten Sie dabei öfter mal auf die Sättigungsbeilage (Reis, Nudeln) und kochen Sie häufig Gemüsegerichte pur wie Eintopf oder Auflauf.

Die gesundheitlichen Vorteile von Gemüse und Obst sind unübertroffen: Neben lebenswichtigen Vitaminen und vielen Mineralstoffen enthalten sie auch jede Menge sogenannte sekundäre Pflanzenstoffe, das sind Duft-, Farb- und Aromastoffe, deren gesundheitliche Bedeutung erst in neuerer Zeit intensiv erforscht wurde. Sie stärken das Immunsystem, vermindern Zellveränderungen, regulieren den Blutdruck, senken Cholesterin- und Blutzuckerspiegel, hemmen Entzündungen, töten Bakterien und Viren, verhindern Blutgerinnsel und schützen so vor einem Infarkt.

Nur wer Gutes kauft, kann auch Gutes zubereiten

Es muss nicht immer Bio sein, aber wie test-Untersuchungen zeigen, ist zumindest Gemüse aus alternativem Anbau in puncto Pestiziden und oft auch hinsichtlich des Nitratgehalts konventionell erzeugter Pflanzenkost überlegen. Allerdings belegen die Untersuchungen ebenso, dass wirklich kritische Ausrutscher auch beim konventionell erzeugten Gemüse eher selten sind. Überschreitungen von Höchstmengen kommen gelegentlich vor, sind aber im Rahmen einer ausgewogenen und insgesamt gemüsereichen Kost letztlich nicht bedenklich. Und ganz klar: Je abwechslungsreicher gekocht wird, desto geringer ist die Gefahr, dass Schadstoffe überhandnehmen oder wichtige Stoffe in der Nahrung fehlen. Verzichten Sie in keinem Fall auf reichlichen Obst- und Gemüsekonsum. Der gesundheitliche und kulinarische Vorteil dieser Pflanzenkost ist in jedem Fall höher als eine mögliche Schadstoffbelastung.

Auch beim Fleisch lassen sich durch wissenschaftliche Untersuchungen keine gravierenden qualitativen oder gesundheitlichen Unterschiede zwischen konventioneller und alternativer Haltung nachweisen. Dennoch sollten Sie Fleisch von Tieren aus artgerechter Haltung bevorzugen und dafür ein bisschen tiefer ins Portemonnaie greifen. Das Wissen, dass ein Tier artgerecht Auslauf hatte und gutes Futter bekam, der Gedanke der Nachhaltigkeit, das gute Gewissen beim Blick auf den Teller, all das trägt auch zum kulinarischen Genuss bei.

FAVORITEN FÜR DEN VORRAT

Entspannt kochen, sehr gut essen – das klappt nur mit einem gewissen Vorrat, einem Fundus an Zutaten, die man immer wieder braucht und kombiniert. Manche sind unentbehrliche Basics für kreatives Kochen ohne Zeitdruck. Andere bestechen durch Würzvielfalt und Kombinationstalent. Mit ihnen kann man auf die Schnelle improvisieren und leicht was Feines köcheln. Gesund sollen die Zutaten natürlich auch sein – und nicht zu teuer. Eben echte Favoriten für den Vorrat.

ÄPFEL

Äpfel sind nicht nur unser Lieblingsobst: Rund 25 000 Sorten gibt es weltweit. In unseren Supermärkten landen davon leider weit weniger, vielleicht 5, bestenfalls 10 Sorten.

Meist keine Schadstoffe Äpfel enthalten kaum Pestizide. Die Stiftung Warentest hat 27 Apfelproben aus 11 Anbauländern untersucht: Nur zwei Proben waren deutlich belastet. Gar keine Schadstoffe fanden sich in Bioäpfeln.

Alleskönner Ob süß oder pikant, Äpfel lassen sich in der Küche universell einsetzen. Für jedes Rezept gibt es passende Sorten: Für Kompott, Torten und Kuchen eignen sich Jonagold, Elstar, Boskop, Cox Orange, die beim Garen ihre Form behalten. Apfelmus gelingt besonders mit Gravensteiner oder Berlepsch. Süße Speisen schmecken mit säuerlichen Äpfeln besser, pikante eher mit süßen wie Gala oder Cox Orange.

Gesunder Ballast Ein besonders wichtiger Apfel-Inhaltsstoff ist das Pektin. Dieser lösliche Ballaststoff sättigt durch seine aufquellende Wirkung, er bindet Gift- und Schadstoffe und schädigendes Cholesterin. Er regt die Darmbewegung und Verdauung an.

CHILI

Die kleinen roten oder grünen Chilischoten sind Vorfahren des Gemüsepaprikas. Sie werden als Pfefferschoten, Peperoni oder Peperoncini angeboten. Grüne Schoten sind noch unreif, rote ausgereift und leicht süß. Ob grün oder rot: Je kleiner die Schote, desto schärfer ist sie.

Chiliflocken oder Pul Biber sind getrocknete, geschrotete rote Schoten. Wir verwenden sie häufig, denn für die Vorratshaltung und die schnelle Küche sind sie besonders praktisch. Scharfe Chilisoßen und -pasten wie Tabascosoße aus Mexiko, asiatisches Sambal Oelek, arabische Harissapaste lassen sich ebenfalls gut lagern. Frische Chilischoten sind allerdings aromatischer und machen sich, zum Beispiel an Salaten, auch optisch besser. Vorsicht beim Säubern (Entfernen der bitteren Kerne) und Zerkleinern: Ein unwillkürlicher Griff ans Auge oder an die Nase sorgt für starkes Brennen und langwierigen Tränenfluss.

Capsaicin heißt der überaus gesunde Scharfmacher im Chili. Er brennt auf der Zunge, regt die Verdauung an, löst Verschleimungen in den Atemwegen. Er soll sogar den Magen vor Entzündungen schützen. Scharfes Essen erzeugt ein wohliges Sättigungsgefühl und macht gute Laune. Denn durch das Brennen wird die Produktion von Endorphinen im Gehirn gesteigert. Der aufheizende Effekt ist im Übrigen sogar freundlich für die Figur: Der Körper verbrennt ein paar Kalorien mehr. Braucht es mehr Gründe, Chili in der Küche reichlich einzusetzen?

ESSIG

Essig gibt es heute in überwältigender Vielfalt in den unterschiedlichsten Qualitäten und Preislagen.

Aceto Balsamico Wir verwenden für unsere Gerichte hauptsächlich Balsamessig. Nicht den sehr teuren originalen Aceto Balsamico tradizionale, aber doch einen guten, abgelagerten, hergestellt aus eingedicktem Traubenmost. Denn gute Balsamessige sind wegen ihrer angenehm eingebundenen Säure vielseitig und harmonieren mit vielen Würzaromen. Wer häufig kocht, sollte sich zusätzlich einen guten Weinessig und/oder einen Obstessig anschaffen und so für mehr kulinarische Abwechslung sorgen.

Geschmackliche Abrundung Ein guter Essig macht Speisen nicht einfach nur sauer, er sorgt für geschmackliche Abrundung. Einem Salat, der ohne einen aromatischen Essig angemacht wird, fehlt meist die Raffinesse. Auch viele Fleischgerichte, Eintöpfe, Suppen, sogar süße Desserts werden mit einem Spritzer Essig nuancenreicher und harmonischer.

Marinieren/Beizen Fleisch oder Fisch werden besonders zart, wenn sie vor dem Braten mit einer Essigwürze mariniert werden.

FERTIGPRODUKTE

Einige Fertigprodukte sind äußerst sinnvoll. Geschmacksverstärker, Aroma- oder Farbstoffe vermeiden wir möglichst.

Konserven Hülsenfrüchte in der Dose sind ideal. Sonst müsste man sie erst garen und oft vorher lange einweichen. In Geschmack und Nährwert top ist alles Tomatige aus Konserven. Außerdem: Gemüse aus Dosen ist allemal besser als gar kein Grünzeug, gerade auch Kohl. Wie beim Obst hat das Hocherhitzen nur manche Vitamine reduziert, nicht Ballast- und Mineralstoffe.

Tiefgefrorenes Gerade im Gemüse aus dem Eis stecken oft mehr Nährstoffe als in frischem. Dessen Vitamingehalt lässt bei der Lagerung schnell nach. Fisch, direkt nach dem Fang eingefroren, kommt frischer auf den Tisch als vom Fischhändler. Tiefgefrorenes ist zudem jahrelang verfügbar. Nach dem Mindesthaltbarkeitsdatum (MHD) müssen Sie es nicht wegwerfen, Konserven auch nicht. Probieren Sie einfach – wenn's schmeckt, ist es auch noch gut.

Zutatenliste Die ist Pflichtlektüre. Dort finden Sie beispielsweise Allergene und Zusatzstoffe, wie Aroma- und Farbstoffe.

FISCH

Fisch enthält besonders leicht verdauliches Eiweiß, das macht ihn für unseren Speiseplan unentbehrlich. Vor angereicherten Umweltgiften brauchen Sie sich nicht zu sorgen: Belastete Fische kommen vor allem aus küstennahen Gebieten. Was wir verzehren, stammt aber meist von hoher See oder aus der Zucht.

Praktisch Fisch ist schnell zubereitet und im Gefrierschrank ein idealer Vorrat. Am besten langsam im Kühlschrank auftauen. Weißliche Stellen (Gefrierbrand) kann man einfach wegschneiden.

Gesund Fisch liefert viel wertvolles Eiweiß, Seefisch dazu Fluor, Selen und Jod. Lachs, Makrele, Matjes sind mit ihren blutverdünnenden Fettsäuren Top für Herz und Kreislauf.

Kaufen Achten Sie beim Kauf aus der Kühltruhe auf das blauweiße MSC-Siegel (Marine Stewardship Council), das für nachhaltige Fischerei steht und einer Überfischung gefährdeter Arten vorbeugt. Außerdem gibt es Ratgeber, beispielsweise von Greenpeace, die Ihnen sagen, welche Fische Sie mit gutem Gewissen verzehren können.

HÜLSENFRÜCHTE UND GETREIDE

Hülsenfrüchte sind unsere große Liebe, als Beilage ebenso wie als Hauptgericht, das von Eiweiß bis zu Ballaststoffen fast alles enthält.

Erbsen, Bohnen, Linsen Sie sind ein idealer Vorrat: beinahe unendlich haltbar, passend zu vielen Gewürzen, zu Obst, Gemüse, Fisch und Fleisch. Wichtig: Salz und Essig erst zugeben, wenn sie gar sind. Sonst dauert das Kochen ewig. Die meisten müssen vorher einige Stunden einweichen. Wenn es schnell gehen soll: Vieles gibt es fertig gegart in der Dose.

Getreide Von der Türkei bis Marokko kommt es orientalisch daher, als Couscous oder Bulgur. Beides ist vorgegarter Weizengrieß, Couscous dabei etwas feiner. In 15 bis 20 Minuten sind beide fertig und fast unendlich kombinierbar. Zu Unrecht im Abseits stehen die runden gelblichen Körner der Hirse. Sie taugen für süßen Brei wie für Risotto und enthalten besonders viel Eisen und Kieselsäure.

GEWÜRZE

Am ehesten experimentieren wir zur Weihnachtszeit mit Gewürzen: Wenn wir uns an Süßem laben, an Lebkuchen, Spekulatius und anderen Keksen, genießen wir die aromatische Vielfalt der exotischen Gewürze. Dabei machen sich Koriander, Kardamom und Co. genauso gut an Fleisch oder Gemüse. Sie werten Alltägliches auf und bescheren uns neue Geschmackserlebnisse.

Vorrat Neben Zimt, Muskat und Nelken gehören Anis, Kardamom, Koriander, Kumin zur besseren Grundausstattung. Auch Gewürzmischungen sind hilfreich. Neben Currypulver ist ein indisches Masala oder ein marokkanisches Ras el Hanout empfehlenswert. Kaufen Sie von den bereits gemahlenen Gewürzen keine großen Mengen. Einmal angebrochen, verlieren sie schnell an Aroma. Ungemahlenes, wie ganze Muskatnüsse, Kardamomsamen, Korinanderkörner, Zimtstangen, ganze Nelken, ist dafür schwieriger zu verarbeiten. Hilfreich ist ein Mörser, in dem Sie die Gewürze aromaschonend zerstampfen.

INGWER

Ingwerknollen sind die unterirdischen Triebe einer bambusähnlichen Pflanze, Zingiber officinale, aus Südostasien. Sie wird überall in den Tropen kultiviert. Nicht nur weil die Ingwer-Inhaltsstoffe vielfältige therapeutische Eigenschaften haben, sondern auch weil die aromatische sanfte Schärfe des Ingwers kulinarisch überaus beliebt ist. Übrigens: Je dicker der Trieb, desto schärfer ist er – umso grobfaseriger ist aber auch das Ingwerfleisch.

Gesunde Schärfe Beißend scharfe ätherische Öle wie Gingerole regen Speichelfluss und Galle an, fördern so die Fettverdauung, lindern Bauchkrämpfe und bekämpfen Übelkeit und Brechreiz. Insbesondere aber sollen die Gingerole auch das Arteriosklerose-Risiko mindern: Sie wirken blutverdünnend und hemmen die Zusammenballung von Blutplättchen.

Knackig kaufen Frischer Ingwer sollte knackig sein, die Schale leicht glänzen. Mit einem Küchenmesser lassen sich die geschälten Knollen gut feinhacken. Größere Mengen kann man in einer Küchenmaschine zerkleinern. Der Ingwer sollte dabei aber nicht heiß werden. Bei Kühlschranktemperaturen hält sich Ingwer mehrere Wochen.

KARTOFFELN

Ob Pommes oder Püree, Gratin oder Gnocchi, Kroketten, Knödel oder Suppen: Kein Gemüse ist kulinarisch so vielseitig einsetzbar wie die Kartoffel. Sie ist ein echter Vorratsfavorit. Bei nicht allzu warmen Temperaturen kann man sie wochenlang aufbewahren – fast unabhängig von der Sorte.

Sorten Die einfache Wahl zwischen fest- oder mehligkochend ist passé. Heute können Sie zwischen sehr vielen Kartoffelsorten wählen. Generell gilt: Festkochende Sorten sind vielseitiger als mehligkochende. Anders als oft empfohlen eignen sie sich auch für Suppen, Pürees und Gratins.

Ihre Stärke ist die Stärke In Kartoffeln steckt vor allem Stärke in Form von günstigen komplexen Kohlenhydraten. Die machen, ebenso wie die vielen Ballaststoffe, lange satt. Dabei kommt eine mittelgroße Knolle von 100 Gramm gerade mal auf 70 Kilokalorien. Schlankheitsbeflissene dürfen also zulangen – Vegetarier sollten es, denn Kartoffeln enthalten relativ viel pflanzliches Eiweiß, das in der Kombination mit Milchprodukten oder Eiern für den Körper noch hochwertiger, also besser verwertbar ist als das vom Fleisch.

KNOBLAUCH

Knoblauch will eigentlich nicht verspeist werden. Das scharf riechende schweflige Allicin, das entsteht, wenn die Knolle verletzt wird, soll Feinde in die Flucht schlagen. Bei uns wirkt das nicht, in der test-Küche lieben wir das Aroma.

Kaufen Saftig, aromatisch, nicht zu scharf – so schmeckt im Frühjahr und Sommer frischer Knoblauch vom Mittelmeer. Getrocknet gibt es ihn das ganze Jahr über, mit ganz dünner Haut und am besten ohne Flecken oder Risse.

Aufbewahren Frischer Knoblauch sollte nicht länger als zwei Wochen im Gemüsefach des Kühlschranks liegen. Wärme lässt die Triebe sprießen. Getrockneter Knoblauch lagert am besten dunkel und luftig, aber nicht kalt. Knoblauchzöpfen bekommt der feuchtwarme Küchendunst nicht.

Schneiden oder pressen Das wird immer wieder heiß diskutiert. Wir meinen: fein schneiden oder hacken. In der Knoblauchpresse werden die Zellen zerquetscht. Das produziert Schärfe, die verletzten Zellen setzen aber weniger Aroma frei als die Oberfläche dünner geschnittener Scheiben. Ausnahme: Salatsoße. Hier wirken gequetschte Zellteile als Emulgator: Sie helfen, Öl und Flüssigkeit zu binden.

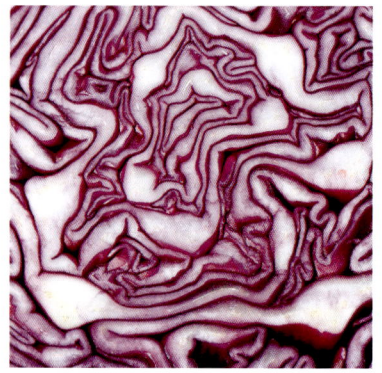

KOHL

Ob rot, weiß oder grün, ob kraus, glatt oder in kleinen Röschen – wir lieben Kohl. Nicht nur im Winter für Eintöpfe oder Sauerkraut, sondern das ganze Jahr über, auch für Suppen und Salate. Denn meist ist er preiswert und sehr variantenreich, immer kalorienarm und voller gesunder Nährstoffe.

Vorrat Kohlköpfe kaufen Sie am besten frisch, auch Wirsing. Das alles hält sich zehn Tage und länger. Rotkohl gibts in guter Qualität auch zubereitet aus der Dose oder Tiefkühltruhe. Rosenkohl und Grünkohl sparen tiefgefroren Zeit und Geld und können ohne Abfall direkt in den Topf wandern.

Zubereiten Besser als endlos kochen ist knapp garen. Nicht umsonst nimmt man in Asien dazu den Wok. Sogar der feste Weiß- und Rotkohl schmeckt so besser.

Gesund Kohl strotzt vor Vitamin C. Und er gilt als Anti-Krebs-Gemüse schlechthin: Bestimmte Glukosinolate hemmen das Entstehen von Tumorzellen, indem sie Giftstoffe und Kanzerogene binden. Die Ballaststoffe stärken die Darmfunktion und schützen so vor vielen Krankheiten.

KRÄUTER

Petersilie, Schnittlauch und Dill haben Besuch bekommen. Vom Mittelmeer sind Rosmarin, Basilikum und Thymian eingewandert. Aus Asien stammen Koriander, Thai-Basilikum, Zitronengras, aus dem Orient Minze.

Heilen So manche Kräuter gelten in der Volksmedizin als Heilmittel. Viele regen die Verdauung an, einige wirken antibakteriell.

Verarbeiten Am besten hacken, schneiden oder mörsern. Mit dem Mixer nur langsam und mit wenig Hitze zerkleinern, zuviel schadet den flüchtigen Aromastoffen. Rosmarin- und Thymianzweige erst zum Ende der Kochzeit zugeben, sonst setzen sie Bitterstoffe frei. Ganzjährige Alternative sind getrocknete Mittelmeerkräuter. Ein halber Teelöffel ersetzt einen Zweig.

Lagern Frische Kräuter nie ins Wasser stellen, sie welken. Besser: In Folie im Kühlschrank aufbewahren. Notlösung: Kräuter hacken, mit Wasser im Eiswürfelbehälter einfrieren.

MILCHPRODUKTE

Wir bevorzugen fettarme Produkte für vollmundig-sahnige Säure in Suppen und Saucen. Süße Sahne wird in unseren Rezepten sehr selten verwendet.

Frischkäse ersetzt von Sahne bis Mascarpone fast alles ziemlich perfekt. test-Untersuchungen stellten der weißen Creme meist ein „gutes" Zeugnis aus. Und ob wenig Fett oder viel: Eine 200-Gramm-Schachtel enthält nahezu alles, was an Gesundem in einem Liter Milch steckt. Der Fettgehalt i. Tr. bezieht sich auf die Trockenmasse ohne den Wassergehalt. Bei 50 Prozent Fett i. Tr. sind es absolut nur etwa 15 Gramm pro 100 Gramm Käsecreme.

Joghurt ist gut für kalte Dips sowie – die indische Küche macht es vor – heiße Saucen. Griechischer Joghurt (10 Prozent Fett) schmeckt in Desserts fast sahnig.

Saure Sahne – ebenfalls zehnprozentig – kann wie Joghurt beim Kochen ausflocken. Tipp: Etwas Mehl oder Stärke unterrühren.

Schmand ist eine löffelfeste Variante mit 24 Prozent Fett.

Crème fraîche ist flüssiger, kommt auf 30 Prozent Fett und gerinnt selbst in heißesten Gerichten nicht.

NÜSSE UND SAMEN

Kalorien haben sie reichlich, oft über 600 pro 100 Gramm. Die kommen aus gesunden, aber empfindlichen Fetten, die oft schnell ranzig werden. Tipp: kühl und trocken aufbewahren, also luftdicht, am besten sogar im Kühlschrank. Im Gefrierschrank halten sich Nüsse jahrelang, auch zerkleinert. Vorsicht vor Schimmel, vor allem bei Pistazien. Nüsse, die schlecht schmecken oder riechen, niemals essen, notfalls ausspucken.

Rösten und Servieren Die Rundumtalente passen zu Salat, Pasta, Pestos, warmen Gerichten, Süßem. Rösten Sie Nüsse und Samen wie Sesam oder Kürbiskerne ohne Fett, bis sie duften. Das weckt Aromastoffe, ebenso das Karamellisieren mit Fett und Zucker oder Honig.

Fett und gesund Nüsse und Samen haben viel Geschmack, dazu gesunde Inhaltsstoffe wie ungesättigte Fettsäuren, die Herz-Kreislauf-Erkrankungen vorbeugen. Die B-Vitamine sind gut für Gehirn, Nerven und Konzentration. Aber Achtung: Besonders auf Erdnüsse reagieren einige allergisch.

OLIVENÖL

Das grüngelbe mediterrane Olivenöl wird bei uns fast ausschließlich kalt gepresst in der höchsten Güteklasse „nativ extra" angeboten.

Fruchtig, kratzig Zwar entsprechen nicht immer alle Öle den hohen Qualitätsanforderungen, wie test-Untersuchungen zeigen, doch mit seinem intensiven, eigenwilligen, je nach Region unterschiedlichen Geschmack, der durchaus auch mal kratzig und leicht bitter sein kann, ist Olivenöl eine geschmackliche Bereicherung insbesondere der kalten Küche. Aber man kann damit auch kochen und braten.

Hocherhitzbar Kalt gepresstes Olivenöl darf wie das raffinierte Rapsöl bis 180 Grad erhitzt werden. Noch höhere Temperaturen sollten sowieso nicht erreicht werden, auch nicht beim Frittieren. Wenn Fette so hoch erhitzt werden, dass Rauch aufsteigt, zersetzen sie sich, und dabei können giftige Stoffe entstehen. Nahezu 80 Prozent Ölsäure stecken im Olivenöl. Sie senkt die Cholesterinwerte, hält aber dabei die für Herz und Gefäße günstige HDL-Fraktion hoch. Der hohe Gehalt an der einfach ungesättigten Fettsäure bewirkt allerdings auch, dass das Öl bei Kühlschranktemperaturen weiß und fest wird.

RAPSÖL

Greifen Sie zur Flasche, denn flüssige Pflanzenöle haben kulinarisch und gesundheitlich viel zu bieten.

Öl-Favorit ist in unserer Küche das Rapsöl, denn es ist in seiner Zusammensetzung einfach ideal. Es hat von allen Pflanzenölen den geringsten Gehalt an gesättigten Fettsäuren, dafür aber einen hohen Gehalt an Ölsäuren. Diese einfach ungesättigte Fettsäure ist günstig für den Cholesterinspiegel, und sie macht das Öl gut haltbar und hoch erhitzbar. Im Rapsöl steckt zudem Alpha-Linolen-Säure, eine für den Körper wertvolle Omega-3-Fettsäure.

Raffiniert oder kalt gepresst? Rapsöl gibt es sowohl kalt gepresst als auch raffiniert. Kalt gepresst ist es von intensiv goldgelber Farbe, es schmeckt getreidig und etwas nussig. Raffiniert ist es heller und geschmacksneutral und auch hitzestabiler: ein ausgesprochen preiswertes Allroundöl, das in der Küche für nahezu alle Gerichte eingesetzt und bis etwa 180 Grad Celsius erhitzt werden kann. Man kann damit braten, sogar frittieren. test-Untersuchungen zeigen zudem, dass die Raffination keinerlei Einfluss auf die gesundheitlich günstige Fettsäurezusammensetzung des Rapsöls hat.

SALZ

Kochsalz, eine Verbindung aus Natrium und Chlor, ist lebenswichtig. Für die Funktionen des Körpers reichen 2 bis 3 Gramm pro Tag. Aus Geschmacksgründen darf es auch mehr sein. Als akzeptable Tagesmenge gelten 6 Gramm – etwa ein Teelöffel voll.

Hypertonie Physiologisch am wichtigsten ist, dass Kochsalz Wasser im Körper bindet. Bei zu viel Salz wird in Gewebe und Blutbahnen jedoch so viel Flüssigkeit zurückbehalten, dass es Organe wie Herz und Nieren belasten kann. Bluthochdruck kann durch hohen Salzkonsum entstehen. Salzarme Kost hilft aber nicht immer: Höchstens jeder Zweite reagiert darauf.

Edelmarken Ob Tafel- oder teures Meersalz: Chemisch ist beides Natriumchlorid. Und Kristall- oder Ursalz aus dem Bioladen wird oft in den gleichen Bergwerken wie Tafelsalz abgebaut. Es wird nicht gereinigt und hat ein paar Prozent mehr Mineralstoffe.

Jod, Fluor, Folsäure Mit Zusätzen angereicherte Speisesalze können tatsächlich sinnvoll sein. Mit 5 Gramm Jodsalz täglich deckt man schon etwa die Hälfte des täglichen Bedarfs. Fluorid trägt zur Kariesprophylaxe bei. Und schon 3 Gramm Salz können etwa 300 Mikrogramm der Mangelware Folsäure liefern. Gesundheitsbewusste nehmen Jodsalz mit Fluor und Folsäure, alles Stoffe, an denen es mangelt. Und sie salzen sparsam. Denn ob man salzempfindlich ist, stellt sich oft erst mit den Jahren heraus. Salzreich ist vor allem Fertigkost. So kommt Kochschinken leicht auf über 2 Gramm Salz pro 100 Gramm, Matjes und Lachsschinken sogar auf mehr als 6 Gramm.

SÜSSES

Zucker ist kalorienreich, schadet den Zähnen, treibt den Blutzucker nach oben. Trotzdem: Nichts geht über ein Dessert zum Schluss. Außerdem ist Zucker ein Geschmacksträger, verstärkt also Aromen. Besonders mit Fett – ebenfalls ein Geschmacksträger – kitzelt er neue Nuancen hervor, so beim Karamellisieren. Ein wenig Süße gibt auch mancher Suppe oder Sauce erst den Kick.

Brauner Zucker wie Rohrzucker hat besondere Geschmacksstoffe, was ihn aber leider nicht gesünder macht. Ähnlich Honig und Ahornsirup. Aber auch sie bestehen wie Haushaltszucker vor allem aus Frucht- und Traubenzucker (Fruktose/Glukose). Beim Kochen mit Honig tut's auch ein preiswerter – beim Erhitzen schwinden die wertvollen Inhaltsstoffe ohnehin.

Süßstoffe Als reine Chemie gehören sie nicht in eine naturnahe Küche, sind zudem geschmacklich kein Vergleich und zum Kochen und Backen wenig geeignet. Für die Schlankheitsküche taugt die praktisch kalorienfreie Süße als Kompromiss, für den Geschmack eventuell mit Zucker gemischt.

TOMATEN

Tomaten gibt es auch in Schwarz, Grün, Gelb, Gestreift – alles in allem über hundert Sorten. Kalorienarm, aber reich an gesunden Inhaltsstoffen, tun sie rundherum gut – frisch und aus der Dose.

Lagern Unser Test zeigte: Bei Zimmertemperatur halten sich frische Tomaten auch vier Wochen. Dabei reifen sie nach, noch grüne Exemplare erröten im Hellen wie im Dunklen. Im Kühlschrank frösteln sie, verlieren Aroma, können glasig werden.

Verarbeiten Im Salat sind frische Tomaten die Klassiker, gegarte Tomaten sind aber noch gesünder: Erhitzen und Zerkleinern schließt die Fruchtzellen auf, macht gesunde Stoffe für den Körper besser verfügbar. Das gilt für Tomatensaft, -mark und -konserven. Sogar Ketchup ist gesund – trotz Zucker. Gut für den eisernen Vorrat: Konserven – am besten die länglichen Flaschentomaten – und getrocknete Tomaten. Sie geben Suppen oder Pastasauce das mediterrane Extra.

Bio Ob Bio besser schmeckt, ist Ansichtssache. Fest steht: Den Geschmack bestimmen vor allem die Sorten. Kleinere sind oft aromatischer. Bei Schadstoffen schnitt Bio im Test besser ab, aber auch konventionelle Ware war wenig belastet.

TROCKENFRÜCHTE

Die orientalische Küche macht es vor: Getrocknete Früchte bringen Frische und Farbe, Aroma und herbe Süße in viele Speisen. Erstaunlich gut harmonieren sie gerade in sehr pikanter, scharfer Umgebung, in Saucen, Ragouts und Chutneys, in Reis, Couscous und Salaten.

Ideal zur Vorratshaltung Ob heimische Pflaumen, Äpfel, Aprikosen oder Kirschen, ob saure Berberitzen, herbe Cranberries, intensiv süße Feigen oder Datteln: Sie alle können – gut verschlossen – monatelang aufbewahrt werden. Wegen ihres geringen Restwassergehaltes von etwa 20 Prozent sind sie wenig anfällig für Keime. Und die hohe Zuckerkonzentration sorgt zusätzlich für Haltbarkeit. Weißliche Beläge auf den Trockenfrüchten sind meist kein Schimmel sondern auskristallisierter Zucker.

Geschwefelt Um ihre ursprüngliche Farbe zu erhalten, werden die Früchte oft mit Schwefel behandelt. Ungeschwefeltes Trockenobst bewahrt zwar nicht seine frische Farbe (Beispiel: braune Trockenaprikosen), hat aber mehr Aroma. Apropos: Beim Garen von Trockenobst sollten Sie zusätzlichen Zucker erst gegen Ende der Garzeit zugeben, da die Früchte sonst nicht genügend Flüssigkeit aufnehmen können.

ZITRUSFRÜCHTE

Sie sind gelb, grün, orange oder rosarot, schmecken frisch, duften anregend, sind urgesund – und fürs Würzen ein Idealfall. Ihr Saft gibt Suppen, Saucen, Pürees, Risotto sanfte Säure. Die Schalen bringen mit ihren Ölen fruchtiges Aroma ohne Säure.

Verarbeiten Orangen, Zitronen oder Limetten abreiben oder – ohne das bittere Weiße – dünn schälen, die Schalen fein hacken oder schneiden. Im Gefrierschrank halten sich Schalen monatelang. Sie lassen sich auch im Ofen trocknen (etwa 3 Stunden bei 50 Grad).

Bio Unsere Untersuchungen zeigen: Bei Bio-Ware sitzen auf den Schalen weder Pestizide noch Wachse mit Konservierungsstoffen. Trotzdem die Früchte immer unter heißem Wasser abreiben. Fertigprodukte, die man wie geriebene Schalen verwenden soll, sind eine schwache Alternative mit Zusatzstoffen aus der Retorte.

ZWIEBELN

Es müssen nicht immer kleine, sanfte Schalotten sein. Für Salate und ganze Gerichte sind Gemüsezwiebeln oder mittlere Haushaltszwiebeln einfacher zu verarbeiten. Weiße oder rote eignen sich besonders für Salate. Frühlingszwiebeln gibt's – entgegen dem Namen – das ganze Jahr über.

Zubereiten Mit kochendem Wasser übergossen, lassen sich kleine Zwiebeln einfacher schälen. Am besten per Hand schneiden, beim elektrischen Zerhacken werden die Zwiebeln bitter. Werden sie roh zum Salat verarbeitet, am besten sofort mit dem Dressing mischen, um Bitternoten zu verhindern. Wenn Sie Zwiebeln braten, am besten bei kleiner bis mittlerer Hitze ständig wenden, sonst bräunen sie zu sehr.

Nicht weinen Wenn beim Schneiden Tränen fließen, sind die scharfen, gesunden Senföle schuld, die zum Beispiel gegen Entzündungen und Wespenstiche helfen. Aber auch wenn Zwiebeln jede Träne wert sind: Stellen Sie sich zum Schneiden an die Dunstabzugshaube oder das offene Fenster. Dort ziehen die scharfen Düfte ab.

SUPPEN

GURKENKALTSCHALE MIT ROTER BETE

Noch bequemer als bei dieser polnischen Gurkenkaltschale läuft in der Küche fast nichts. Dazu sieht sie ausgesprochen appetitlich aus, auch dank der Roten Bete. Und sie schmeckt – vor allem an heißen Tagen – fantastisch erfrischend. Aber die Suppe muss wirklich kalt sein. Füllen Sie gleich nach der Zubereitung einen Teil der Suppe in Eiswürfelbehälter und geben Sie die gefrorenen Würfel dann bei Tisch dazu.

ZUTATEN für 4 Portionen

2 Salatgurken (1 kg)
500 ml Joghurt (3,5 % Fett)
100 ml Sahne
1 Rote-Bete-Knolle
(gegart, vakuumverpackt)
2–3 Bund Dill
Salz, Pfeffer
1–2 TL Zucker
1 Bund Radieschen
4 hart gekochte Eier

ZUBEREITUNG

1 Die Gurken schälen, halbieren, große Kerne entfernen, pürieren. Mit Joghurt und Sahne vermischen und mit Salz, Pfeffer und Zucker abschmecken.

2 Die Rote-Bete-Knolle in kleine Würfelchen schneiden, zu der Gurkensuppe geben. Unmittelbar vor dem Servieren den Dill hacken und ebenfalls in die Suppe geben. Nochmals abschmecken.

3 Eier hart kochen, halbieren. Die Radieschen waschen und klein würfeln. Beides bei Tisch in extra Schälchen reichen.

Zubereitungszeit: 25 Minuten

TIPPS

1 *Für das Rezept werden die Gurken frisch verarbeitet. Diese Rohkost in Suppenform ist gesund und gefällt – ähnlich wie eine Gazpacho (Seite 29) – vielen, die sonst mit dem Knabbern von rohem Gemüse nichts im Sinn haben.*

2 *Bei kaltem Wetter schmeckt die Suppe auch heiß. Der frische Dill darf allerdings erst nach dem Garen zugegeben werden.*

Nährwert für eine Portion: 220 Kilokalorien, 12 g Eiweiß, 16 g Fett, 10 g Kohlenhydrate, 2 g Ballaststoffe

TOMATENSUPPEN HEISS UND KALT

Tomatensuppen mag (fast) jeder: rot, samtig, mit einer im Idealfall perfekten Balance von Fruchtigkeit und Säure. Sie sind die Klassiker auf jeder Speisekarte, nahezu weltweit und sogar das ganze Jahr über, denn selbst Konserven eignen sich für dieses Rezept, es müssen nicht frische Tomaten sein. Die sind hierzulande ohnehin selten sehr geschmackvoll. Selbst bei einer kalten Tomatensuppe für einen warmen Sommerabend spricht überhaupt nichts gegen ihre Herkunft aus der Dose.

ZUTATEN für 4 Portionen

1 EL Raps- oder Olivenöl
3 kleine Zwiebeln
2 Knoblauchzehen
1 große Dose geschälte Flaschentomaten (800 g)

Heiß und kalt

20 g Ingwerwurzel (etwa 3 cm)
1 EL brauner Zucker (ersatzweise weißer)
Pfeffer
½ Limette
1 EL Fischsauce (ersatzweise Sojasauce)
Salz, eventuell weitere Würze wie Chiliflocken oder Limettensaft
1 Bund Schnittlauch (ersatzweise 2 Frühlingszwiebeln)

Für den großen Hunger

3 Selleriestangen
1 kleine Dose Kichererbsen
50 g Frischkäse (15 % Fett i. Tr., ersatzweise Crème fraîche oder Schmand)
je ½ TL Zimt und Kreuzkümmel
etwas Muskat

ZUBEREITUNG

Heiß: Öl in einem großen Topf erhitzen, Zwiebeln in feine Scheiben schneiden, mit klein geschnittenen Knoblauchzehen und gestifteltem Ingwer glasig dünsten. Zucker dazugeben, leicht karamellisieren. Mit den Dosentomaten bei kleiner Hitze 5 Minuten sanft kochen, pürieren, 500 bis 750 ml Wasser dazugeben, aufkochen. Mit Pfeffer, Limettensaft, Fischsauce, eventuell Salz abschmecken und servieren. Schnittlauch- oder Frühlingszwiebelringe darübergeben.

Kalt: Zubereitung wie oben, zum schnellen Abkühlen ins kalte Wasser stellen. Je kälter, desto schärfer: Würzen Sie die Suppe intensiv mit frisch gemahlenem Pfeffer, Rosenpaprika oder Chiliflocken und eventuell dem restlichen Limettensaft nach.

Für den großen Hunger: Öl in einem großen Topf erhitzen, Zwiebeln in feine Scheiben schneiden, mit klein geschnittenen Knoblauchzehen glasig dünsten. Tomaten mit Saft dazugeben, kurz aufkochen, mit dem Mixstab pürieren. 500 ml Wasser, Selleriestangen in dünnen Scheiben und Kichererbsen aus der Dose mit Flüssigkeit dazugeben. Etwa 10 Minuten kochen lassen. Frischkäse unter die Suppe mischen, mit Zimt, Kreuzkümmel und Muskat würzen, salzen. Mit dem Grün der Selleriestangen servieren.

Zubereitungszeit: 30 Minuten (40 Minuten für die gehaltvolle Variante)

TIPP

1 *Am besten eignen sich Konserven mit ganzen geschälten Tomaten. Das sind Flaschentomaten mit wenig Kernen, viel Fruchtfleisch und mehr Aroma als in den sogenannten Pizzatomaten, die aus runden Früchten hergestellt werden.*

2 *Bringt Kälte in die kühle Suppe: Einen Teil als Eiswürfel einfrieren, vor dem Servieren dazugeben. Ersatzweise kühlen auch klare Eiswürfel.*

Nährwert pro Portion: 103 Kilokalorien, 4 g Eiweiß, 1,2 g Fett, 15 g Kohlenhydrate, 2 g Ballaststoffe;
pro Portion (gehaltvolle Variante): 220 Kilokalorien, 14 g Eiweiß, 4 g Fett, 31 g Kohlenhydrate, 9 g Ballaststoffe

GAZPACHO

Gazpacho (ausgeprochen: gasspatscho) ist eine kalte andalusische Gemüsesuppe. Sie schmeckt auch bei größter Hitze. Und sie ist fix zubereitet. Ursprünglich war die von den Mauren in Spanien eingeführte Suppe weiß. Ihre Basis waren Brot, Knoblauch und Olivenöl. Heute sind Tomaten und Paprika die wichtigsten Zutaten. Weißbrot (eventuell geröstet) darf aber noch immer zusammen mit dem Gemüse püriert werden. Die Suppe wird dann sämiger und sättigender.

ZUTATEN für 4 Portionen

4 rote Paprikaschoten
1 kg Fleischtomaten
1 Salatgurke
100 g Zwiebeln
4 EL Olivenöl
1 EL dunkler Balsamessig
Salz, Pfeffer, Zucker, Chiliflocken
40 g schwarze Oliven
4 Scheiben Toastbrot
4 Knoblauchzehen

ZUBEREITUNG

1 Paprikaschoten, Tomaten und Gurke waschen. Paprika vierteln und entkernen, etwa zwei Schoten sehr fein würfeln und beiseitestellen. Die Gurke schälen, entkernen, zur Hälfte in kleine Würfel schneiden und diese ebenfalls beiseitestellen. Zwiebeln schälen, Tomaten kurz in kochendes Wasser tauchen, kalt abschrecken und dann die Schale abziehen.

2 Paprika, Tomaten, Zwiebeln und die halbe Gurke pürieren. Die Hälfte des Olivenöls unterrühren, mit Balsamessig, Salz, Pfeffer, Zucker und eventuell etwas Chili abschmecken. Die Suppe kalt stellen.

3 Die Oliven fein hacken und in ein Schälchen geben. Das Toastbrot ohne Rinde würfeln und mit dem gehackten Knoblauch im restlichen Olivenöl anrösten. Bei Tisch wird die sehr kalte Suppe mit den in Schälchen bereitgestellten Zutaten – Brotcroûtons, Gurken- und Paprikawürfel, Oliven – serviert. Jeder bedient sich dann nach Belieben.

Zubereitungszeit: 25 Minuten

TIPPS

1 *Je nach Gemüseangebot kann die Gazpacho abgewandelt werden. Tomaten allerdings sind fast ein Muss, Dosentomaten gehen auch. Als mögliche Zutaten eignen sich neben Gemüse- und Brotwürfeln auch gekochte und gehackte Eier, gehobelter fester Schafskäse, oder – ganz edel – kleine Krevetten. Anstelle von Essig kann man die Suppe mit Sherry oder Rotwein abrunden.*

2 *Die Suppe lässt sich besser pürieren und wird für viele verträglicher, wenn die Paprikaschoten geschält werden. Dafür gibt es Spezialschäler. Man kann aber auch die rohen, geviertelten Schoten für 20 bis 30 Minuten unter den Grill legen. Die Haut lässt sich dann einfach abziehen.*

3 *Gazpacho muss wirklich sehr kalt serviert werden. Wenn Sie die Suppe für längere Zeit auf ein Buffet stellen wollen, sollten Sie vorher einen Teil davon als Eiswürfel einfrieren und diese dann später in die Suppe geben.*

Nährwert für eine Portion: 220 Kilokalorien, 21 g Eiweiß, 10 g Fett, 8 g Kohlenhydrate, 2 g Ballaststoffe

ERBSENEINTOPF MEDITERRAN

Nichts gegen traditionelle Hausmannskost. Ein deftiger Erbseneintopf ist ausgesprochen praktisch: schnell gemacht, preiswert, sättigend. Gesundheitlich kann es allerdings meist nicht schaden, ihn etwas abzuspecken. Wie man an der Zutatenliste sieht, braucht man nicht viel für ein ungewöhnlich leichtes Geschmackserlebnis mit mediterranen Nuancen.

ZUTATEN für 4 Portionen

250 g grüne Trockenerbsen
2 EL Raps- oder Olivenöl
2–3 EL frischer oder getrockneter Thymian
100 g Zwiebeln
2–3 Knoblauchzehen
Salz
100 g Crème fraîche

ZUBEREITUNG

1 Die Trockenerbsen über Nacht in 1 l Wasser einweichen und quellen lassen. Am nächsten Tag im Einweichwasser 60 bis 70 Minuten köcheln lassen, bis die Erbsen sehr weich sind. Falls Sie getrockneten Thymian benutzen, geben Sie ihn bereits zu Beginn der Kochzeit dazu, frischen Thymian erst 20 Minuten später.

2 Zwischendurch Zwiebeln und den Knoblauch putzen, hacken, in einer Pfanne im Öl sehr leicht anbräunen, dann zu den Erbsen geben und mitkochen lassen. Zum Schluss den Eintopf gut durchrühren und salzen.

3 Den Eintopf mit Crème fraîche und eventuell frischen Thymianblättchen servieren.

Zubereitungszeit: 70 Minuten, davon 30 Minuten Arbeit (+ ungefähr 10 Stunden Einweichzeit)

TIPP

Anstelle grüner Erbsen können Sie auch geschälte gelbe nehmen. Vorteil: Sie müssen nur 2 Stunden eingeweicht werden. Exotisch wird der Eintopf mit Kichererbsen. Die brauchen allerdings eine deutlich längere Kochzeit, bis sie weich sind. Deshalb ist hier Dosenware durchaus angebracht. In türkischen Lebensmittelläden gibt es sie in großer Auswahl. Dann sollten Sie aber nicht mit Thymian würzen, sondern Cumin und reichlich Sesampaste verwenden. Die Crème fraîche brauchen Sie dann nicht mehr.

Nährwert für eine Portion: 322 Kilokalorien, 13 g Eiweiß, 14 g Fett, 47 g Kohlenhydrate, 11 g Ballaststoffe

FRÜHLINGSFRISCHE **ERBSENSUPPE**

Natürlich können Sie dieses feine Süppchen im Frühjahr aus frischen, selbst ausgelösten Markerbsen zubereiten. Aber mit Tiefkühlerbsen schmeckt sie genauso gut, und natürlich ist sie dann auch im Nu fertig. Auch wichtig: Sie bleibt so mit Sicherheit leuchtend grün. Nur Erbsen aus der Dose, die gehen hier gar nicht.

ZUTATEN für 4 Portionen

450 g Tiefkühlerbsen
200 g Crème fraîche
etwas Weißwein (ersatzweise einige Spritzer Zitronensaft)
Salz, Pfeffer
reichlich frische gehackte Kräuter (wie Petersilie, Kerbel, Schnittlauch oder Dill)

TIPP

Eine edle und farblich attraktive Beilage zu dieser Suppe bei Tisch sind Streifen von Räucher- oder Gravad-Lachs oder auch Keta-Kaviar. Wenn in der kalten Jahreszeit die frischen Kräuter knapp werden, schmeckt die asiatische Variante der Suppe.

ZUBEREITUNG

1 Erbsen in 500 ml gesalzenem Wasser mit dem Wein aufkochen, knapp 10 Minuten kochen lassen, pürieren. Die Crème fraîche unterrühren und nochmals mit Salz, Pfeffer und Wein abschmecken.

2 Die frischen Kräuter erst unmittelbar vor dem Servieren unterrühren oder bei Tisch extra reichen.

Zubereitungszeit: 20 Minuten

Variante: Kochen Sie die Erbsen mit ein bis zwei Stängeln Zitronengras, einer Messerspitze gemahlenem Koriander und 20 g geriebenem frischem Ingwer. Pürieren Sie das Ganze (das harte Zitronengras muss vorher entfernt werden) und würzen Sie mit etwas grüner Currypaste (Vorsicht: sehr scharf!). Servieren Sie die Suppe mit frischem Koriander, ersatzweise mit glatter Petersilie.

Nährwert für eine Portion: 150 Kilokalorien, 4 g Eiweiß, 8 g Fett, 13 g Kohlenhydrate, 2 g Ballaststoffe

KAROTTENCREME MIT VANILLE

Der betörende Duft nach Vanille soll schlank machen. Mag sein – auf jeden Fall macht das exotische Gewürz aus Madagaskar hier die Allerweltsmöhre zu etwas Besonderem und dieses Süppchen zu einer edlen Vorspeise. Gut für den kulinarischen Kick: Die süßlich-weiche Vanille verstärkt auch andere Geschmacksnoten.

ZUTATEN für 4 Portionen

500 g Karotten
2 – 3 EL Rapsöl
1 Tasse Sherry
(ersatzweise milder Apfelsaft)
½ Vanilleschote
750 ml Hühnerbrühe oder schwach gesalzenes Wasser
Pfeffer
1 Prise Zucker
Chiliflocken
100 ml Schlagsahne

ZUBEREITUNG

1 Karotten waschen, schälen, in 2 bis 3 cm lange Stücke schneiden, in Öl andünsten, mit Sherry ablöschen.

2 Die halbe Vanilleschote aufschlitzen, das Mark herauskratzen und beiseitestellen. Die Schote zu den Karotten geben, mit 750 ml Flüssigkeit auffüllen, gegebenenfalls salzen. Etwa 45 Minuten sanft kochen lassen.

3 Vanilleschote herausfischen, Karotten samt Flüssigkeit pürieren. Mit dem Vanillemark, Pfeffer, einer Prise Zucker, eventuell auch Chiliflocken abschmecken. Die Sahne steif schlagen, zum Servieren vorsichtig und dekorativ auf die Suppe in Tellern oder Schalen geben.

Zubereitungszeit: 30 Minuten

TIPPS

1 *Echten Vanillezucker stellen Sie einfach und preiswert mit der zweiten Hälfte der Schote her: aufschneiden, in einem Glas mit etwa 100 g Zucker ziehen lassen. Der hat nach etwa einer Woche das Aroma aus der Schote angenommen.*

2 *Vanille ist eine ziemlich teure Zutat. Deshalb ist bei Fertigprodukten nicht immer Vanille drin, wo Vanille draufsteht. Heißt es beim Speiseeis beispielsweise „mit Vanillegeschmack", gibt synthetisches Vanillin aus dem Labor den Geschmack. „Vanilleextrakt" dagegen wird aus der fermentierten Vanilleschote extrahiert, „Bourbon-Vanille Aroma" weist auf eine bestimmte Vanilleart hin.*

Nährwert für eine Portion: 190 Kilokalorien, 2 g Eiweiß, 14 g Fett, 11 g Kohlenhydrate, 2 g Ballaststoffe

KARTOFFELSUPPE MIT SALBEI

Schon Kartoffeln mit Butter und Salz sind eine Wonne. Mit kräftiger Würze werden die einst verpönten Erdäpfel noch geschmackvoller. So wird aus simpler Kartoffelsuppe eine cremige Basis für verschiedenste Geschmacksnuancen: mit Chilischärfe als anregende Vorspeise, auf dem Buffet zum Kombinieren mit Lachs oder Avocado – oder ganz konventionell und kindertauglich mit Thymian und Wiener Würstchen. Wir servieren eine samtige Suppe mit in Butter geschwenktem Salbei.

ZUTATEN für 6 Portionen

500 g Kartoffeln
1 mittelgroße Zwiebel
2 Knoblauchzehen
3 Selleriestangen
1 Lauchstange
1–2 TL Curry
1 EL Öl
1 TL frische Thymianblättchen (ersatzweise ½ TL getrockneter Thymian)
1 l Brühe
250 ml Milch (ersatzweise Brühe + 50 g fettarmer Frischkäse)
Salz, Pfeffer, Chiliflocken
1 EL Butter
3 Scheiben Frühstücksspeck
2 Stiele frischer Salbei

ZUBEREITUNG

1 Rohe Kartoffeln schälen, in Stücke schneiden. Zwiebel und Knoblauch schälen, klein schneiden, ebenso die Selleriestangen und das Weiße einer Lauchstange.

2 Gemüse und Curry mit 1 bis 2 EL Öl einige Minuten andünsten, so können sich die Gewürze entfalten. Mit Milch und der Hälfte der Brühe 10 bis 15 Minuten kochen und danach mit dem Mixtsab pürieren. Dann mit der restlichen Brühe aufkochen, kräftig mit Salz, Pfeffer, Thymian und Chiliflocken würzen.

3 Frühstücksspeck ausbraten, danach auf Küchenpapier legen (zum Fettaufsaugen), in Stücke schneiden. Salbeiblätter abstreifen, im restlichen Fett plus Butter kurz knusprig braten. Mit den Speckstückchen auf die Teller geben.

Zubereitungszeit: 35 Minuten

TIPPS

1 Auch festkochende Kartoffeln sind gut geeignet. Die Selleriestangen lassen sich durch Zucchini (250 g) ersetzen.

2 Individuell am Tisch oder Buffet kombinieren macht Spaß. Es passt fast alles: Scampi, geräucherte Forellenfilets, Lachsstreifen, Avocadoscheiben, in Butter gebratene Pfifferlinge, in der Pfanne geröstete Pumpernickelkrümel, Pesto (Seite 184), Zitronenpfeffer.

3 Für eine sättigende Mahlzeit erhöhen Sie die Mengen. Zusätzlich Knoblauchwurst in Scheiben mit 1 TL getrocknetem Thymian oder Majoran anbraten, mit Lauchringen servieren.

Nährwert für eine Portion: 140 Kilokalorien, 3 g Eiweiß, 7 g Fett, 11 g Kohlenhydrate, 4 g Ballaststoffe

KLARE **STEINPILZSUPPE**

Eine klare Suppe ist der aromareiche, aber kalorienarme Einstieg in ein Menü. Versuchen Sie es doch mal mit getrockneten Steinpilzen. Die haben beim Trocknen richtig viel Aroma entwickelt, das sie an die Brühe weitergeben. So dauert die Pilzsaison zwölf Monate pro Jahr.

ZUTATEN für 4 Portionen

25–40 g getrocknete Steinpilze
1–2 Möhren
1 Lauchstange
½ Zwiebel
2 Thymianzweige (ersatzweise ½ TL getrockneter Thymian)
2–3 EL Portwein
Salz, Pfeffer
250 g Champignons, am besten braun
1 EL Butter

ZUBEREITUNG

1 Die Steinpilze ohne Waschen in 500 ml lauwarmem Wasser einweichen, nach 20 Minuten aufkochen. Gemüse putzen und klein schneiden.

2 Steinpilze aus dem Einweichwasser fischen, klein schneiden. Das Wasser durch ein feines Sieb oder Filterpapier geben, um eventuellen Sand zu entfernen. Steinpilze mit dem Einweichwasser und 1 l Wasser in einen Topf mit dem Gemüse und einer ungeschälten halben Zwiebel geben, 40 bis 50 Minuten köcheln lassen. Nach 30 Minuten Blätter von zwei Thymianzweigen und 2 bis 3 EL Portwein dazugeben. Das Gemüse herausfischen. Die Suppe mit Salz, Pfeffer, eventuell etwas Zucker abschmecken.

3 In einer Pfanne 250 g in dünne Scheiben geschnittene Champignons anbraten, erst kurz vor dem Servieren zu der Suppe geben.

Zubereitungszeit: 75 Minuten, davon 25 Minuten Arbeit

TIPPS

1 *Die köchelnde Brühe zwischendurch abschmecken. Manche Steinpilze werden mit längerem Kochen etwas bitter. Dann Kochvorgang abbrechen, ein bis zwei Prisen Zucker dazugeben.*

2 *Falls die feinen Trubstoffe stören, können Sie die Suppe klären: Steinpilze entfernen, Suppe abkühlen, leicht aufgeschlagenes Eiweiß hineingeben, aufkochen, Suppe durchsieben. Das Eiweiß bleibt mit den Trubstoffen zurück.*

3 *Zur Vorratshaltung Brühe mit weniger Wasser aufkochen. Konzentrat ohne Portwein einfrieren, bei Bedarf auftauen, Flüssigkeit zugeben und nach Rezept würzen.*

Nährwert für eine Portion: 65 Kilokalorien, 2 g Eiweiß, 3 g Fett, 4 g Kohlenhydrate, 2 g Ballaststoffe

AROMA-HÜHNERSUPPE

Schon der erste Löffel zeigt: Mit Fertigbrühen hat diese Suppe nichts zu tun. Und die Wissenschaft bestätigt, was Großmutter ahnte: Hühnersuppe ist Medizin zum Löffeln, vor allem gegen Erkältungen. Das Rezept für Gesundheit, gepaart mit Geschmack, ist denkbar einfach. Das Huhn kalt aufsetzen, sanft ziehen lassen, nach Lust und Laune würzen.

ZUTATEN für 4 Portionen

1 Huhn
(oder 1 Hühnerbein pro Person)
½ aufgeschnittene Zwiebel
20 g Ingwerwurzel (etwa 3 cm)
3 Sternanis
3 Frühlingszwiebeln
Salz, Pfeffer

ZUBEREITUNG

1 Huhn mit so viel Wasser aufsetzen, dass es bedeckt ist, für vier Personen etwa 1,5 l. Zwiebel, Ingwer und Sternanis dazugeben. Nach dem ersten Aufkochen Hitze herunterschalten, die Brühe soll nur sieden, 90 °C reichen. Eventuell zu Anfang entstehenden Schaum abschöpfen, erst nach 30 Minuten die Brühe salzen.

2 Nach etwa 75 Minuten Hitze ausschalten. Brühe entfetten. Hühnerfleisch in die Suppe geben oder anderweitig verwenden. Mit Salz und Pfeffer abschmecken und mit Frühlingszwiebeln, in Ringe geschnitten, servieren.

Zubereitungszeit: 2 Stunden, davon 20 Minuten Arbeit

Zaubersuppe: Gegen Erkältung helfen bei dieser Hühnersuppe eine Extraportion Schärfe aus ätherischen Ölen (Ingwer) und Capsaicin (Chili), dazu Gemüse und Bohnen mit immunstärkenden sekundären Pflanzenstoffen. Weichen Sie 50 g schwarze Trockenbohnen über Nacht ein (oder benutzen Sie eine Konserve). Ein (ungekochtes) Huhn zerlegen, mit zerkleinertem Gemüse, bestehend aus einem Bund Suppengrün und 500 g Möhren, aufkochen, Hitze reduzieren und etwa 75 Minuten sanft sieden lassen. Zum Schluss Chiliflocken und 100 g gestifteten Ingwer dazugeben, mit Salz abschmecken.

TIPPS

1 *Unser Grundrezept vermittelt einen Hauch von Asien. Experimentieren Sie mit traditionellem Suppengrün, mit mediterranen Kräutern und Trockentomaten. Pilze, Sojasprossen und Glasnudeln oder auch getrocknete Krabben ergeben eine gehaltvollere asiatische Suppe.*

2 *Wichtig: Nicht sprudelnd kochen. Sanftes Garen lässt den entzündungshemmenden Eiweißstoff Cystein in die Suppe übergehen. Cystein bewirkt auch, dass die Schleimhäute abschwellen. Das Fleisch und vor allem sehnenreiche Körperteile enthalten viel Kollagen, das in die Suppe übergeht. Es hilft, ein Enzym zu blockieren, das für hohen Blutdruck mitverantwortlich ist. Und es macht das Suppenfleisch saftiger, die Brühe samtiger. Die erhält dank des späten Salzens extra viel Aroma aus dem Fleisch.*

Nährwert für eine Portion: 125 Kilokalorien, 20 g Eiweiß, 4 g Fett, 2 g Kohlenhydrate, praktisch keine Ballaststoffe

ARABISCHE **BOHNENSUPPE**

Einfacher geht's nicht: Alles, was Sie für den bunten Bohnentopf brauchen, kann man griffbereit im Vorrat haben. Sie müssen die weißen und roten Bohnen auch nicht einweichen oder lange kochen. Hier sind Konserven eine gute, zeitsparende Lösung, ohne dass der Nährwert der gesunden, kalorienarmen Hülsenfrüchte leidet. Getrocknete Tomaten und Kreuzkümmel sorgen für das gewisse Extra an Geschmack.

ZUTATEN für 4 Portionen

2 Zwiebeln
2 Knoblauchzehen
1 EL Rapsöl
500 g grüne Bohnen, auch tiefgefroren
500 ml Brühe (oder Wasser)
4 getrocknete Tomaten
1 kleine Dose Kidneybohnen (400 g)
1 große Dose weiße Bohnen (800 g)
1 gestrichener TL Kreuzkümmel
Salz
Chiliflocken

ZUBEREITUNG

1 Geschälte Zwiebeln in Ringe schneiden, Knoblauch hacken, beides in Öl glasig dünsten.

2 Grüne Bohnen und getrocknete Tomaten in kleinen Stücken dazugeben, mit 500 ml Brühe aufgießen und einige Minuten kochen lassen. Rote und weiße Bohnen mit Aufgussflüssigkeit dazugeben, etwa 10 Minuten mitkochen lassen. Mit Kreuzkümmel, Salz und eventuell Chiliflocken würzen.

Zubereitungszeit: 30 Minuten, davon 20 Minuten Arbeit

TIPPS

1 Auch wenn Sie in älteren Kochbüchern anderes lesen: Gießen Sie das Einweich- und Kochwasser nicht ab. Die schaumbildenden Saponine helfen, den Cholesterinspiegel zu senken und das Immunsystem zu stimulieren. Wahrscheinlich schützen sie auch vor Dickdarmkrebs.

2 Hülsenfrüchte liefern viel pflanzliches Eiweiß und reichlich Ballaststoffe. Mit einer Portion haben Sie mehr als ein Drittel des Tagesbedarfs gedeckt.

3 Empfindlich gegen Blähungen? Dann verzichten Sie auf einen Teil der roten und weißen Bohnen und nehmen stattdessen Kartoffeln und mehr grüne Bohnen. Kreuzkümmel macht – wie Kümmel – die Bohnen aber besser bekömmlich.

Nährwert für eine Portion: 230 Kilokalorien, 13 g Eiweiß, 5 g Fett, 32 g Kohlenhydrate, 10 g Ballaststoffe

KOHLSUPPE MIT PISTOU

Pistou ist die französische Lesart des italienischen Pesto, also schlicht und ergreifend eine Paste, die im Wesentlichen aus Basilikum, Knoblauch und Olivenöl besteht. Dazu kommen beim Pistou grob gemahlene Pinienkerne oder Mandeln, geriebener Gruyère und eventuell noch gehackte Tomaten. Aber ob mit Pistou oder mit Pesto: Die Kohlsuppe macht gleich viel mehr her.

ZUTATEN für 4 Portionen

300 g Möhren
300 g Kartoffeln (mehlig kochend)
1 Spitzkohl
2 Frühlingszwiebeln
500 g Fenchel (2–3 Knollen)
2 Knoblauchzehen
2 EL Rapsöl
2–3 Stiele Basilikum
etwas Petersilie, Liebstöckel oder Schnittlauch
Salz, Pfeffer

Pistou
50 g geriebene Mandeln
½ Bund Basilikum
4 EL Öl
2 EL Orangensaft
geriebene Orangenschale
Salz

ZUBEREITUNG

1 Gemüse waschen. Möhren und Kartoffeln schälen. Möhren in Stifte (ähnlich wie Pommes frites), Kartoffeln in kleine Würfel schneiden. Spitzkohl der Länge nach vierteln, in Streifen schneiden, Strunk wegwerfen. Frühlingszwiebeln in Streifen schneiden, ebenso den Fenchel. Fenchelgrün beiseitelegen.

2 In einem großen Topf den durchgepressten Knoblauch im Öl kurz andünsten, Möhren und Kartoffeln dazugeben und ebenfalls andünsten. Nach etwa 2 Minuten die Fenchelstreifen dazugeben. Mit 1 l Wasser auffüllen und alles etwa 5 Minuten garen.

3 Spitzkohl und Frühlingszwiebeln zur Brühe geben und weitere 7 bis 10 Minuten garen. Währenddessen die Kräuter waschen und hacken. Zum Schluss die Suppe mit Salz und Pfeffer abschmecken und die gehackten Kräuter dazugeben.

Pistou: Basilikum hacken, mit 4 EL Öl und den geriebenen Mandeln mischen. Etwas Orangensaft und ein wenig geriebene Orangenschale dazugeben, salzen.

Zubereitungszeit: 40 Minuten

TIPP

Kohlsuppe ist mittlerweile legendär als Schlankheitskost. Das hat gute Gründe: Sie ist kalorienarm, füllt aber den Magen und versorgt den Körper mit Vitaminen und Mineralstoffen. Kurzum: Sie wirkt. Aber wer mit dieser Suppe überflüssigen Pfunden zu Leibe rücken möchte, muss wohl oder übel auf das fett- und kalorien-trächtige Pistou verzichten – und damit auf viel Geschmack. Nicht verzichten darf er auf eine eiweißreiche Zutat. Das kann gehobelter Parmesan, klein geschnittener magerer Schinken oder eine Creme aus Magerquark sein. Eiweiß (und Bewegung) verhindern bei einer Diät, dass außer Fett auch festigende Muskelmasse verloren geht.

Nährwert für eine Portion (ohne Pistou): 170 Kilokalorien, 5 g Eiweiß, 5 g Fett, 25 g Kohlenhydrate, 12 g Ballaststoffe

ROTE-BETE-SUPPE MIT MEERRETTICH

Der erdig-süße Geschmack Roter Bete braucht immer ein wenig Säure als Kontrapunkt. Schärfe dazu kann auch nicht schaden – wie hier bei diesem Rezept. Wenn es schnell gehen soll, kaufen Sie Rote Bete fertig gekocht und vakuumverpackt im Supermarkt. Das attraktiv violettrote Ergebnis kann sich in jedem Fall sehen lassen.

ZUTATEN für 4 Portionen

600 g frische Rote Bete
(oder 500 g fertig gekochte)
200 g Kartoffeln
1 große Zwiebel
1 EL Rapsöl
1 Lorbeerblatt
6 Pimentkörner
1 EL Zitronensaft
Salz, Pfeffer
100 – 200 g frisch geriebener Meerrettich
150 g süße Sahne

ZUBEREITUNG

1 Rote-Bete-Knollen sowie die Kartoffeln schälen, waschen, in kleine Würfel schneiden, beiseitestellen.

2 Zwiebel putzen und fein hacken. In einem Topf das Öl erhitzen und die Zwiebel darin glasig dünsten. Rote-Bete- und Kartoffelwürfel dazugeben, kurz mitdünsten. Mit 1 l gesalzenem Wasser aufgießen, Lorbeerblatt und Pimentkörner in einem Tee-Ei oder einem Papierteefilter dazugeben, alles in 15 bis 20 Minuten weich kochen.

3 Lorbeer und Piment entnehmen und die Suppe mit einem Pürierstab pürieren. Die Suppe mit Zitronensaft, Salz und Pfeffer und etwas geriebenem Meerrettich abschmecken. Unmittelbar vor dem Servieren die Sahne schlagen und mit dem restlichen geriebenen Meerrettich bei Tisch servieren. Jeder bedient sich dann nach Belieben.

Zubereitungszeit: 45 Minuten, davon 25 Minuten Arbeit

TIPPS

1 Meerrettich oder Kren sollte man am besten als ganze Wurzel kaufen und die jeweils benötigte Menge frisch reiben. Im Kühlschrank, in ein feuchtes Tuch eingeschlagen, bleibt die Wurzel viele Wochen lang frisch.

2 Anstelle von frischem Meerrettich können Sie auch etwas Wasabi in der Suppe verrühren. Wasabi ist eine extrem scharfe japanische Meerrettichart, die man als hellgrüne Paste oder als Pulver in Asialäden bekommt. Sie wird traditionell zu Sushi gereicht. In dieser Kombination sollten Sie die Sahne mit Kokosmilch austauschen.

Nährwert für eine Portion: 220 Kilokalorien, 5 g Eiweiß, 12 g Fett, 22 g Kohlenhydrate, 5 g Ballaststoffe

BUTTERNUT-CREME MIT GERÖSTETEN KÜRBISKERNEN

Kürbissuppe kochen wir besonders gern. Vor allem, weil hier unserer Würzfantasie kaum Grenzen gesetzt sind. Insbesondere exotische, intensiv aromatische Gewürze bekommen dem eher milden, wenig ausgeprägten Eigengeschmack der meisten Kürbissorten bestens. Für diese cremeartige Suppe haben wir einen Butternut- oder Butternuss-Kürbis gewählt. Er hat einen besonders hohen Fleischanteil und ein besonders kleines Kerngehäuse. Seine Schale wird nicht ganz so schnell weich wie die des Hokkaido, aber auch sie kann püriert und mitgegessen werden.

ZUTATEN für 4 Portionen

1 Butternuss-Kürbis (ersatzweise Hokkaido)
500 ml Weißwein (ersatzweise Orangensaft)
100 g Ingwerwurzel
200 ml Kokosmilch
1 TL geriebene Orangenschale
½ TL 5-Gewürze-Pulver
½ TL Zimt
Salz, Pfeffer, Chiliflocken
Honig
eventuell einige Spritzer Zitronensaft
3 EL geröstete Kürbiskerne
Kürbiskernöl zum Beträufeln (nach Belieben)

ZUBEREITUNG

1 Den Butternuss-Kürbis sehr gründlich waschen und trocken reiben. Mit einem großen, scharfen Messer halbieren, Kerne entfernen, dann in kleinere Stücke schneiden. In einem Topf mit Wein oder Saft in etwa 30 Minuten weich kochen.

2 Zwischendurch die Ingwerwurzel schälen, in Scheiben schneiden, zum Kürbis geben. Zum Schluss die Kokosmilch und die geriebene Orangenschale hinzugeben.

3 Den Topf vom Herd nehmen und alles mit dem Stabmixer pürieren. Mit 5-Gewürze-Pulver, Zimt, Salz, Pfeffer, Chiliflocken, Honig und eventuell etwas Zitronensaft abschmecken.

4 Die einzelnen Portionen mit gerösteten Kürbiskernen und einigen Tropfen Kernöl garnieren.

Zubereitungszeit: 40 Minuten

TIPPS

1 *Experimentieren Sie mit der Würzung. Sehr gut schmeckt auch die Kombination Apfel und Currypulver anstelle der Kombination Orange und Zimt. Und statt Kokosmilch passt auch Sahne. Wichtig: Ein Hauch von Säure rundet den Kürbisgeschmack ab. Beim Abschmecken am Schluss sollten Sie deshalb ein wenig Zitronensaft bereithalten.*

2 *Man kann für einen asiatischen Einschlag die Kürbiskerne durch leicht angeröstete Kokosnuss ersetzen.*

Nährwert für eine Portion: 220 Kilokalorien, 5 g Eiweiß, 7 g Fett, 35 g Kohlenhydrate, 4 g Ballaststoffe

SALATE

INSALATA DI MELANZANE

Melanzane ist die italienische Bezeichnung für Eierfrüchte, heutzutage meist unter ihrem französischen Namen Auberginen bekannt. Es gibt sie in vielen Größen und Farben. Bei uns findet man meist die großen, dunkelvioletten Früchte. Und die sind hier genau richtig, denn für unseren Auberginensalat italienischer Machart brauchen wir viel Fruchtfleisch – und reichlich Würze.

ZUTATEN für 4 Portionen

1 große Aubergine (etwa 400 g)
1 EL Zitronensaft
4–8 Knoblauchzehen (nach Geschmack)
1 kleine Peperonischote (ersatzweise Chiliflocken)
10 schwarze Oliven ohne Stein
4 EL Olivenöl
Salz, Pfeffer

ZUBEREITUNG

1 Aubergine waschen, mit einer Gabel mehrfach einstechen. In der Backröhre in 20 bis 30 Minuten bei 200 °C oder in der Mikrowelle in wenigen Minuten weich garen, etwas abkühlen lassen.

2 Das Auberginenfleisch aus der Schale lösen, zusammen mit dem Zitronensaft (er verhindert das Braunwerden des hellen Fleischs) mit einem großen, schweren Messer in Würfel hacken. Knoblauch und Peperonischote putzen, sehr fein hacken, ebenso die Oliven. Alles mit den Auberginenwürfeln und dem Olivenöl verrühren. Mit Salz und Pfeffer abschmecken.

Zubereitungszeit: 45 Minuten, davon 20 Minuten Arbeit

TIPP

Auberginensalat können Sie vielfach variieren: Anstelle von Oliven schmecken auch fein gehackte getrocknete Tomaten im Auberginensalat. Kalorisch üppiger wird es, wenn zerbröckelter Schafskäse dazukommt. Eine leicht süße, orientalische Version des Salats: Würzen Sie das gehackte Fruchtfleisch mit Sesamöl, 5 EL Orangensaft, etwas geriebener Orangenschale, 1 EL Honig, einigen Chiliflocken und geben Sie ein paar Sultaninen dazu.

Nährwert für eine Portion: 150 Kilokalorien, 2 g Eiweiß, 12 g Fett, 6 g Kohlenhydrate, 3 g Ballaststoffe

PFANNENSALAT MIT PARMESAN-CRACKERN

Dieser Salat kommt fein und doch deftig daher, gesund, aber alles andere als fade: knackig und grün-bunt mit warmen Tomaten, krossem Frühstücksspeck – und als Clou Parmesan-Cracker. Ein Schlankmacher ist er trotzdem, mit wenig Kalorien und vielen wichtigen Inhaltsstoffen. Alles in allem ein gelungener Auftakt für ein schönes Essen oder mit Kartoffelgratin (Seite 152) eine runde Mahlzeit.

ZUTATEN für 4 Portionen

50 g Parmesan
1 TL Mehl (5 g)
300 g Blattsalate
2 Frühlingszwiebeln
1 EL heller Balsam- oder Weißweinessig
2 TL Senf
1 TL Honig
Salz, Pfeffer
1–2 EL Raps- oder Olivenöl
100 g Frühstücksspeck
1 Knoblauchzehe
200 g Kirschtomaten

ZUBEREITUNG

1 Frisch geriebenen Parmesan mit Mehl mischen, jeweils 1 EL voll in eine heiße beschichtete Pfanne geben, glatt streichen. Wenn die Masse fast vollständig geschmolzen ist und zu bräunen beginnt, Pfanne von der Hitze ziehen, etwas warten, Cracker herausheben, auskühlen lassen.

2 Salat in mundgerechte Stücke pflücken, waschen, trocknen. Frühlingszwiebeln waschen und in dünne Ringe schneiden. Aus Essig, Senf, Honig, Salz, Pfeffer und Öl eine Marinade rühren. Eventuell Kräuter wie Estragon unter den Salat heben.

3 Frühstücksspeck in feine Streifen schneiden, mit der gepellten Knoblauchzehe kross braten. Speck aus der Pfanne nehmen, auf Küchenpapier legen. So bleibt er kross und verliert Fett.

4 Gewaschene, halbierte Kirschtomaten in der noch heißen Pfanne im ausgelassenen Fett des Frühstücksspecks schwenken. Knoblauch entfernen. Zum Servieren die warmen Tomatenhälften über den Salat geben, den ebenfalls noch warmen, krossen Speck darauf anrichten, die Parmesan-Cracker dazu reichen.

Zubereitungszeit: 30 Minuten

TIPPS

1 Geeignet sind alle etwas festeren Blattsalate wie Römer- und Eichblattsalat und die leicht bitteren Endiviengewächse (Radicchio, Eskariol, Chicoree).

2 Größere Tomaten vierteln oder achteln, vor dem Erwärmen das Kerngehäuse entfernen.

Nährwert für eine Portion: 265 Kilokalorien, 8 g Eiweiß, 24 g Fett, 3 g Kohlenhydrate, 2 g Ballaststoffe

PANZANELLA

Panzanella leitet sich von „pane" ab, was im Italienischen „Brot" bedeutet. Es geht also um einen Brotsalat, und der gilt in der Toskana schon fast als vollständige Mahlzeit. Er liefert ja auch viel Gesundes wie Lykopine aus Tomaten und immunstärkende Senföle aus Zwiebeln. In Italien hat jede Familie ihr eigenes Rezept. Dort weichen viele das Brot sogar vorher in Gemüsebrühe, eventuell auch Essig ein und geben es ausgedrückt zum Salat.

ZUTATEN für 4 Portionen

250 g großporiges Weißbrot (am besten vom Vortag)
1 Salatgurke
1 gelbe Paprika
750 g Tomaten
3 kleine Stangen Sellerie
2 rote Zwiebeln
1 Bund Basilikum
1 Bund Petersilie
3 EL milder Essig
3 EL Olivenöl
4 Knoblauchzehen
Salz, Pfeffer
eventuell Parmesan

ZUBEREITUNG

1 Brot in dünne Scheiben schneiden, in mundgerechte Stücke zerteilen. Im Ofen bei 150 °C etwa 5 Minuten leicht bräunen.

2 Kräuter und Gemüse waschen. Gurke schälen, entkernen und würfeln, Paprika entkernen und in Streifen schneiden, Tomaten achteln, Sellerie und Zwiebeln in dünne Scheiben schneiden. Alles in einer großen Schüssel mischen, gezupftes Basilikum und gehackte Petersilie darübergeben.

3 Essig, Olivenöl, gepresste Knoblauchzehen, Salz und Pfeffer zu einem cremigen Dressing mischen, unter den Salat heben. Brot untermischen, 15 Minuten ziehen lassen. Eventuell Parmesan darüberhobeln.

Zubereitungszeit: 40 Minuten, davon 25 Minuten Arbeit

TIPPS

1 Nicht nur gehobelter Parmesan über dem Salat macht sich gut. Durchforsten Sie Ihren Vorrat nach weiteren Zutaten wie Oliven, Kapernäpfeln oder Sardellenfilets.

2 Grau- statt Weißbrot setzt einen eigenen Akzent. Aromatischer – und kalorienreicher – wird der Salat, wenn Sie das Brot von beiden Seiten mit etwas Öl in einer Pfanne anrösten.

Nährwert für eine Portion: 340 Kilokalorien, 9 g Eiweiß, 14 g Fett, 42 g Kohlenhydrate, 8 g Ballaststoffe

CHICOREE KARAMELLISIERT

„Er ist ja soo elegant!", seufzte unsere französische Fotografin vor ein paar Jahren mal bewundernd – und meinte den Chicoree. Wir waren verblüfft, so hatten wir die weißen Sprossen der Zichorienwurzel noch nie betrachtet. Aber sie hat recht, irgendwie macht Chicoree eine gute Figur. Nur schade, dass er fade ist – dachten wir damals. Bis wir auf die Idee kamen, ihn in der Pfanne zu karamellisieren. Wunderbar: Jetzt entfaltet er auf der Zunge eine ganz ungewohnte Aromafülle. Und sieht dabei immer noch gut aus.

ZUTATEN für 4 Portionen

500 g Chicoree
2 – 3 EL Rapsöl
2 EL Zucker
½ TL Salz
½ TL Chiliflocken
1 EL heller Balsamessig
40 g Walnusskerne (eine Handvoll)

ZUBEREITUNG

1 Chicoree waschen, längs halbieren. In einer großen Pfanne im heißen Öl von jeder Seite etwa 4 Minuten anbraten. Mit Zucker, Salz und Chiliflocken überstreuen, wenden und bei geringer Hitzezufuhr noch einmal von jeder Seite 5 Minuten braten, bis er leicht gebräunt ist. Zwischendurch den Essig darüberträufeln.

2 Die Chicoreehälften auf einer Platte anrichten und mit den Walnusskernen bestreuen. Wenn der Chicoree kalt serviert werden soll, eventuell noch einmal etwas Balsamico darübersprühen.

Zubereitungszeit: 20 Minuten

TIPPS

1 *Der Rat, den unteren Wurzelansatz beim Chicoree zu entfernen, weil er zu viele Bitterstoffe enthält, gilt heute nicht mehr, da diese Bitterstoffe weggezüchtet sind. Das ist gerade für dieses Rezept praktisch, denn so bleiben die halbierten Stangen in der Pfanne besser in Form.*

2 *Chicoree punktet gesundheitlich vor allem in der Schlankheitsküche. 100 Gramm haben nur 16 Kilokalorien. Dafür ist er aber reich an Kalium, ein Mineralstoff, der als Gegenspieler von Natrium für einen ausgeglichenen Flüssigkeitshaushalt des Körpers sorgt.*

3 *Bei kühler Lagerung bleibt Chicoree viele Tage lang frisch, und die Stangen erfordern kaum Putzarbeit. Die Blätter machen sich gut in jedem Blattsalat – auch in Kombination mit Früchten.*

Nährwert für eine Portion: 150 Kilokalorien, 3 g Eiweiß, 11 g Fett, 9 g Kohlenhydrate, 2 g Ballaststoffe

GLASNUDELSALAT

Die Welt teilt sich in Freunde des Korianders und entschiedene Gegner, die nur von „Seifenkraut" sprechen. Die einen freuen sich bei diesem Salat an den Koriandermengen, die anderen nehmen lieber Petersilie. Zitronig, etwas scharf und süß – so ist unser Glasnudelsalat eine ideale Basis für diverse Beigaben, von Hack bis Tofu. Wir servieren ihn mit Scampi.

ZUTATEN für 4 Portionen

6 Mu-Err-Pilze
1 Zucchini
100–150 g weiße Champignons
3–4 Stangen Staudensellerie
100 g Glasnudeln
4 EL Zitronen- oder Limettensaft
4 EL Fisch- oder helle Sojasauce
1 EL Rapsöl
2–3 EL Zucker
1 Bund Koriander (oder Petersilie)
50 g Erdnusskerne
250 g Scampi
1 EL Rapsöl
Salz, Pfeffer

ZUBEREITUNG

1 Mu-Err-Pilze mit Wasser aufkochen, 20 Minuten ziehen lassen, abspülen, in Streifen schneiden. Zucchini in Stifte, Champignons und Selleriestangen in feine Scheiben schneiden. Das Grün beiseitelegen.

2 Glasnudeln kurz aufkochen, nach 2 Minuten abgießen und kurz mit kaltem Wasser abbrausen. Mit einer Schere in kleinere Stücke schneiden. Zu dem Gemüse geben.

3 Aus Zitronensaft, Fischsauce, Öl und Zucker eine Marinade rühren. Mit den anderen Salatzutaten vermengen, mindestens eine Stunde durchziehen lassen.

4 Koriander oder Petersilie waschen, trocken schütteln, klein schneiden, mit dem Salat vermengen. Erdnüsse und Selleriegrün darübergeben.

5 Frische Scampi in 1 EL Rapsöl anbraten, salzen, pfeffern und noch warm zum Salat geben.

Zubereitungszeit: 80 Minuten, davon 20 Minuten Arbeit

TIPPS

1 Keine Fischsauce im Haus? Sie bringt hier das Salz in den Salat. Ersatzweise nehmen Sie helle Sojasauce, die handelsübliche dunkle färbt den Salat zu sehr ein. Alternativ mehr Zitrone nehmen und salzen.

2 Etwas Chilisauce gibt Schärfe, ein Teelöffel dunkles Sesamöl eine nussige Note. Vor dem Servieren noch einmal abschmecken, die Zutaten vertragen viel Würze.

3 Zu dem Glasnudelmix passt vieles: 250 g krümelig gebratenes Schweinehack, Putenbrustaufschnitt in Streifen oder Hähnchenbrust aus der Pfanne und für Vegetarier Tofu oder flache in Streifen geschnittene Omletts aus 2 Eiern.

4 Scampi gibt es meist tiefgefroren. Sie schnitten in test-Untersuchungen am besten ab. Bei frischen die Schale dranlassen – das Fleisch bleibt saftiger mit mehr Geschmack.

Nährwert für eine Portion: 280 Kilokalorien, 16 g Eiweiß, 11 g Fett, 30 g Kohlenhydrate, 2 g Ballaststoffe

KARTOFFELSALAT MIT WEIN

Bei diesem Kartoffelsalat ist fast alles anders: Die Kartoffeln werden roh in Würfel geschnitten und mit Zwiebeln angedünstet. Statt Essig gibt ein wenig Wein diesem Salat etwas Säure, damit er warm ebenso gut schmeckt wie kalt. Die Würzvarianten sind schier unendlich. Wir servieren den test-Klassiker, der in der Redaktion bei keinem Fest fehlt, in neuem Gewand, kalorisch ewas erleichert und mit verschiedenen Würznoten, auch mal mit indischen.

ZUTATEN für 4 Portionen

1 kg Kartoffeln (vorwiegend festkochend)

2 mittlere helle Zwiebeln

2 Knoblauchzehen

2 EL Rapsöl

200 g tiefgefrorene Erbsen

je 1 rote und gelbe Paprikaschote

250 ml leichter trockener Weißwein, z. B. Pinot Grigio (oder Apfelsaft)

Salz, Pfeffer

ZUBEREITUNG

1 Kartoffeln schälen und in kleine Würfel schneiden (etwa 1 bis 1,5 cm Seitenlänge).

2 Zwiebeln und Knoblauch schälen, Zwiebel in dünne Ringe schneiden, Knoblauch in Scheiben. In einem Schmortopf, einer großen Pfanne oder einem Wok mit Öl glasig anbraten, Kartoffelwürfel dazugeben und unter Wenden ganz leicht anschmoren. Mit 250 ml Wasser etwa 10 Minuten bei kleiner Hitze und geschlossenem Deckel garen.

3 Gefrorene Erbsen, in Würfel geschnittene Paprikaschoten und Wein dazugeben, unter ständigem Wenden etwa 5 Minuten weitergaren, bis die Kartoffeln weich genug sind. Mit Salz und Pfeffer abschmecken.

Zubereitungszeit: 40 Minuten

Varianten

Mediterran: Ergänzen Sie den Salat um getrocknete, in Öl eingelegte Tomaten und in feine Scheiben geschnittenen Stangensellerie. Beides muss nicht mitkochen und macht den Salat etwas knackiger. Erbsen und Paprika dann eventuell weglassen.

Asiatisch-indisch: Selleriestangen in Scheiben, tiefgefrorene Erbsen oder Bohnen zum Salat geben, gestiftelten Ingwer (etwa 4 cm) mit den Zwiebeln schmoren, den Salat abschließend mit 1 bis 2 TL Garam Masala würzen. Garam Masala finden Sie in Asia-Läden.

Nährwert für eine Portion: 305 Kilokalorien, 10 g Eiweiß, 8 g Fett, 46 g Kohlenhydrate, 11 g Ballaststoffe

LÖWENZAHN AN BOHNENPÜREE

Löwenzahn ist vor allem bei unseren französischen Nachbarn beliebt. „Pissenlit", Bettnässer, heißt er dort wegen seiner harntreibenden Wirkung. Wir kombinieren das etwas herbe Kraut mit deftigem Bohnenpüree zu einer frühlingsfrischen Delikatesse – kalt oder lauwarm als Vorspeise. Besonders gut schmecken junge Blätter, wild gewachsen und selbst gesammelt. Aber auch Rucola, Bärlauch oder Spinat passen gut zum würzigen Püree.

ZUTATEN für 4 Portionen

150 g große weiße Bohnen, getrocknet
(ersatzweise 400 g aus der Konserve)
1 Stiel Rosmarin
Salz, Pfeffer
3 EL Rapsöl
2–3 Knoblauchzehen
2 Bund Löwenzahnblätter

ZUBEREITUNG

1 Bohnen über Nacht einweichen, abgießen. In reichlich frischem Wasser etwa zwei Stunden sehr weich kochen. Nach 90 Minuten einen Stiel Rosmarin dazugeben. Wichtig: Kein Salz ins Wasser. Das verlängert die Garzeit, und die Bohnen lassen sich schlechter pürieren.

2 Wasser abgießen, Rosmarin entfernen, Bohnen mit Salz, Pfeffer, einer Knoblauchzehe und eventuell etwas Öl pürieren.

3 Löwenzahn waschen, Blätter vom Strunk abschneiden und blanchieren (ganz kurz überbrühen, dann eiskalt abschrecken). Löwenzahn mit dem Bohnenpüree auf Tellern anrichten.

4 In einer Pfanne Rapsöl erhitzen, 1 bis 2 Zehen fein geschnittenen Knoblauch darin anbräunen. Die Mischung über das Bohnenpüree geben.

Zubereitungszeit: 2 Stunden, 30 Minuten, davon 30 Minuten Arbeit (+ 10 Stunden Einweichzeit)

TIPPS

1 Das kurze Blanchieren nimmt den Blättern eventuelle Schärfe und Bitternoten. Sie können sie auch schnell durch die heiße Knoblauch-Öl-Mischung in der Pfanne ziehen.

2 Sehr große Bohnen ergeben ein cremigeres Püree als kleine. Für Eilige: Auch Dosenware eignet sich gut. Dann gehackte Rosmarinnadeln mit ein wenig Wasser und 1 EL Öl 5 Minuten köcheln, die Mixtur ins Püree geben. Frühlingsfrisch lichtgrün wird ein Püree aus frischen oder tiefgefrorenen Sau- oder Puffbohnen.

3 Einen sättigenden Salat erhalten Sie, wenn Sie zum Löwenzahn gebratene Kartoffelschnitze, Tomatenachtel und gekochte Eier in Scheiben geben und mit einer Marinade aus 1 EL hellem Balsamessig, 1 TL körnigen Senf, ½ TL Honig und 3 EL Öl übergießen.

Nährwert für eine Portion: 145 Kilokalorien, 8 g Eiweiß, 7 g Fett, 14 g Kohlenhydrate, 4 g Ballaststoffe

ROQUEFORT-BIRNEN-SALAT

Zarter junger Blattspinat, scharfer Roquefort-Käse, süß karamellisierte Birnen und herbe Walnüsse: Das ist eine Liaison sehr unterschiedlicher Partner. Wie sich bei dieser Vorspeise zeigt, aber eine sehr glückliche. Die Blätter für diesen Salat müssen allerdings wirklich zart sein. Am besten geeignet ist Frühlingsspinat. Inzwischen gibt es aber auch spezielle Züchtungen für Salate.

ZUTATEN für 4 Portionen

100 g junger Spinat
30 g Butter
3 EL heller Balsamessig
1 TL Honig
2 feste Birnen
30 g Walnusskerne
Salz, Pfeffer
150 g Roquefort

ZUBEREITUNG

1 Spinatblätter verlesen, waschen, trocken schleudern. Auf einer großen Salatplatte oder auf 4 Tellern verteilen.

2 Butter, Essig und Honig in einer Pfanne erwärmen. Birnen waschen, schälen, halbieren und längs in Scheiben schneiden. Mit den Walnusskernen in die Pfanne geben und unter vorsichtigem Wenden etwa 2 Minuten garen, bis die Früchte goldgelb glänzen.

3 Die karamellisierten Birnen und Nüsse auf dem Salatbett verteilen. Mit der Sauce aus der Pfanne beträufeln und noch etwas Salz und frisch gemahlenen Pfeffer darübergeben. Zum Schluss den zerkrümelten Roquefort über die Salatblätter streuen.

Zubereitungszeit: 25 Minuten

TIPP

Wenn Sie keinen jungen, zarten Spinat finden, nehmen Sie ersatzweise Feldsalat oder Rucola. Und falls keine geeigneten Birnen zu haben sind: Notfalls tun es auch Birnen aus der Dose.

Nährwert für eine Portion: 310 Kilokalorien, 11 g Eiweiß, 22 g Fett, 19 g Kohlenhydrate, 4 g Ballaststoffe

ROTE-BETE-SALAT

Je kleiner, desto feiner: Das gilt auch für Beta vulgaris, die rote Rübe oder Rande. Und deshalb schmeckt dieser Salat aus frischen, nicht gegarten Roten Beten am besten im Spätsommer, wenn die ersten jungen, noch sehr kleinen und sehr zarten Rote-Bete-Knollen mit feinem Blattgrün geerntet werden. Dies attraktiv rot-grün gemaserte Laub eignet sich vorzüglich für Salate und als Blattgemüse. Ihre intensiv blauviolette Tönung verdankt die Rote Bete übrigens dem Pflanzenfarbstoff Anthocyan. Er gilt als sehr gesund, denn er bekämpft im Körper schädigende Sauerstoffradikale. Doch Rote Bete speichert auch viel Nitrat, deshalb sollten Sie Ware aus biologischem Anbau bevorzugen.

ZUTATEN für 4 Portionen

250 g junge, kleine Rote Bete, wenn möglich mit Grün
50 g Ingwerwurzel
2 EL Zitronensaft
Salz
½ TL Chiliflocken
1–2 TL Honig
1 EL Rapsöl
1 EL dunkles Sesamöl
250 g feste Äpfel (gut: Braeburn)
etwa 16 Walnusshälften
50 g Rucolablätter (falls kein Blattgrün der Rübe vorhanden ist)
4 Forellenfilets, geräuchert

TIPP

Rote-Bete-Flecken sind hartnäckig. Ziehen Sie sich bei der Zubereitung Haushaltshandschuhe an, schälen Sie im Wasserbad, hacken Sie auf einem großen Brett. Flecken an der Kleidung sofort kalt ausspülen, über Nacht in kaltem Wasser einweichen und dann ausspülen.

ZUBEREITUNG

1 Rote Bete waschen, dünn schälen, ebenso die Ingwerwurzel. Rote-Bete-Knollen halbieren, dann die Hälften längs in sehr feine Scheiben schneiden, besser noch hobeln. Ingwer sehr fein hacken oder reiben. Aus Zitronensaft, Salz, Chili, Honig und Raps- und Sesamöl eine süß-sauer-scharfe Marinade rühren, mit dem Ingwer gut vermischen.

2 Die gewaschenen Äpfel mit Schale vierteln, Kerngehäuse entfernen, jedes Viertel längs in ähnlich feine Scheiben schneiden wie die Rote Bete. Vorsichtig mit den Rote-Bete-Scheiben mischen, mit der Marinade überträufeln. Walnusshälften unterheben.

3 Vor dem Servieren, wenn vorhanden, ein paar Rote-Bete-Blättchen in feine Streifen schneiden und unter den Salat heben. Ersatzweise Raukeblätter nehmen. Darauf die Forellenfilets extra anrichten (damit sie sich nicht durch die Rote Bete färben) und erst bei Tisch mit dem Salat auf die Teller geben.

Zubereitungszeit: 30 Minuten

Variante: So richtig asiatisch schmeckt der Salat, wenn Sie statt der Rote-Bete-Blätter etwas Koriandergrün verwenden. Heimatlicher für den Gaumen wird es wiederum, wenn Sie anstelle von Ingwer mit etwas frisch geriebenem Meerrettich würzen. Auf Chili sollten Sie bei dieser Kombination allerdings verzichten.

Nährwert für eine Portion: 125 Kilokalorien, 6 g Eiweiß, 6 g Fett, 13 g Kohlenhydrate, 3 g Ballaststoffe

WILDREIS MIT WALNÜSSEN UND INGWER

Wildreis ist genau genommen gar kein Reis. Es ist der Samen eines Rispengrases, das an den kalten Seeufern und in den Sumpfgebieten Kanadas gedeiht. Früher einmal war es das Hauptnahrungsmittel der dort lebenden indianischen Ureinwohner, obwohl sie es sehr mühsam von Booten aus ernten mussten. Mittlerweile wird das Sumpfgras kultiviert und in großen Bassins angebaut, doch die Gewinnung der Samenkörner ist immer noch ziemlich aufwendig. Wildreis ist deshalb teuer, eine Delikatesse für besondere Gelegenheiten. In der Kombination mit herben Walnüssen und süßsauren Cranberries kommt sein feiner nussiger Geschmack bestens zur Geltung. Ein Salat für feine Menüs und edle Buffets, wunderbar zu Wild und Lamm und pikantem Käse.

ZUTATEN für 8 bis 12 Portionen

1 EL Ras el Hanout (Gewürzpulver, siehe Seite 15)
1 TL Rapsöl
1 Tasse Wildreis (125 g)
Salz
100 g Ingwerwurzel
3 EL Rapsöl
2 EL dunkles Sesamöl
2–3 EL Balsamessig
1 TL geriebene Zitronenschale
100 g Walnusskerne
100 g getrocknete Cranberries, ersatzweise Rosinen
eventuell etwas Honig

ZUBEREITUNG

1 In einem Topf Ras el Hanout in etwa einem Teelöffel Rapsöl anschwitzen, den Wildreis hinzugeben und mit 5 Tassen Wasser auffüllen. Aufkochen, dann 50 bis 60 Minuten bei geöffnetem Topf und geringer Hitze köcheln lassen. Erst gegen Ende der Garzeit Salz hinzufügen. Der Reis ist gar, wenn fast alle Körner geöffnet sind.

2 Inzwischen den Ingwer schälen und fein hacken. Aus Raps- und Sesamöl, Balsamessig, geriebener Zitronenschale und Salz eine Marinade herstellen.

3 Den fertig gegarten Reis von der Kochstelle nehmen, eventuell überschüssige Flüssigkeit abgießen. Trockenfrüchte und Ingwer dazugeben. Abkühlen lassen, dann die Marinade und die Walnusskerne daruntermischen. Vor dem Servieren noch einmal mit Salz und eventuell etwas Balsamessig und Honig abschmecken.

Zubereitungszeit: 60 Minuten

TIPPS

1 *Wildreis erhalten Sie in Bioläden und Reformhäusern.*

2 *Wildreis benötigt zum Garen mehr Wasser als normaler Reis, und seine Kochzeit ist deutlich länger. Insbesondere, wenn er nicht warm, sondern als Salat serviert wird, müssen die Körner sehr weich sein und eventuell länger als auf der Packung angegeben gekocht werden. Sie werden beim Abkühlen und durch das Hinzufügen von Essig wieder fester.*

3 *Sehr gut schmeckt die Kombination von Cranberries, Ingwer und Walnüssen auch in einem Linsensalat. Allerdings sollten Sie hierfür dann die kleinen schwarzen, nussig schmeckenden Beluga- oder Puylinsen nehmen.*

Nährwert für eine Portion (bei 8 Portionen): 205 Kilokalorien, 4 g Eiweiß, 15 g Fett, 13 g Kohlenhydrate, 2 g Ballaststoffe

ZUCCHINI-MELONEN-CARPACCIO

Ob es ihn wohl freuen würde? Der mittelalterliche venezianische Maler Vittore Carpaccio konnte nicht ahnen, dass sein Name auch kulinarisch Furore machen sollte – als Zubereitung aus dünn geschnittenen, marinierten Zutaten. Und alles nur, weil in Venedig eine Ausstellung seiner Werke lief, als dort um 1950 ein Koch zum ersten Mal rohes Rindfleisch in hauchdünnen Scheiben mit Sauce servierte. Wir verdanken dem hauchdünnen Schneiden, dass aus geschmacklich wenig aufregenden Zucchini zusammen mit Melone und Ziegenkäse eine fruchtig-pikante Vorspeise für laue Sommerabende wird.

ZUTATEN für 4 Portionen

¼ Honigmelone (oder Cantaloupe)

1 mittelgroße Zucchini (etwa 250 g)

1 Bio-Orange

2 EL Rapsöl

eventuell heller Balsamessig

Salz

4 EL gehackte weiche Nüsse (Walnuss-, Pinien-, Cashewkerne)

4 getrocknete Tomaten

1 gestrichener TL Pfefferkörner

4 Scheiben Ziegencamembert (ersatzweise 100 g Schafskäse)

ZUBEREITUNG

1 Melone entkernen, schälen, längs in dünne Scheiben schneiden. Zucchini waschen, schräg hobeln oder schneiden. Melonen- und Zucchinischeiben abwechselnd sternförmig auf einem Teller anrichten.

2 Orangenschale abreiben, Orange ausdrücken. Die Hälfte des Safts mit Öl mischen, salzen, eventuell mit Essig abschmecken. Gehackte Nusskerne, klein geschnittene getrocknete Tomaten, Salz und Pfefferkörner hinzufügen.

3 Ziegenkäse im vorgeheizten Backofen 1 bis 2 Minuten übergrillen, alternativ Schafskäse in Stücken auf einem hitzebeständigen Teller bei 200 °C im Backofen 10 bis 15 Minuten erwärmen.

4 Käse in die Mitte des vorbereiteten Carpaccio-Tellers setzen, Dressing darüber verteilen. Dazu Ciabatta oder selbst gebackenes Brot (Seite 176) reichen.

Zubereitungszeit: 40 Minuten

TIPPS

1 Die Scheiben sollen nicht zu dick und nicht zu dünn werden. Das geht am einfachsten mit einem Sparschäler, sonst Käse- oder Gemüsehobel.

2 Der Carpaccio-Klassiker ist eine Vorspeise aus rohem, frischem Rinderfilet: Filet in Frischhaltefolie wickeln, 50 Minuten ins Gefrierfach legen, in hauchdünne Scheiben schneiden, würzen. Mit Olivenöl und Parmesanspänen servieren.

Nährwert für eine Portion: 285 Kilokalorien, 11 g Eiweiß, 22 g Fett, 9 g Kohlenhydrate, 2 g Ballaststoffe

TRAUBENSALAT

Für diesen Salat eignen sich die neuen Züchtungen kernloser, großer Tafeltrauben besonders gut – am besten rote und grüne gemischt. Ein kalorienarmes Dessert mit viel Aroma und „Geist" – ideal nach einem üppigen Mahl.

ZUTATEN für 4 Portionen

500 g rote und grüne Trauben (kernlos)
100 g frische oder 60 g getrocknete Datteln
30 g Walnusskerne
1–2 EL Zitronensaft
1–2 EL Grappa (ersatzweise Traubensaft)
1 Vanilleschote (ersatzweise Vanillezucker)

ZUBEREITUNG

1 Trauben mit warmem Wasser waschen und vorsichtig trocken tupfen, dann längs halbieren. Datteln halbieren, entkernen, in sehr feine Streifen schneiden.

2 Walnusskerne in einer Pfanne ohne Fett leicht anrösten, dann grob hacken und mit den Trauben vermengen.

3 Aus Zitronensaft, Grappa und dem ausgekratzten Mark der Vanilleschote eine Marinade rühren, über die Trauben und Nüsse geben.

Zubereitungszeit: 20 Minuten

TIPP

Der weiße tauähnliche Film auf frischen Weinbeeren kommt nicht von Spritzmitteln. Er ist ein natürlicher Schutzfilm, der die Früchte vor vorzeitigem Verderb bewahrt. Dennoch sind konventionelle Trauben – anders als Bio-Trauben – oft mit Pflanzenschutzmitteln belastet, das zeigen unsere Untersuchungen. Durch gründliches Abspülen mit warmem Wasser und anschließendes Trockentupfen können Sie aber zumindest außen anhaftende Pestizide entfernen. Lassen Sie beim Waschen die Beeren am Stiel – wenn sie abgezupft und verletzt sind, werden Vitamine und auch Aromastoffe ausgeschwemmt.

Nährwert für eine Portion: 154 Kilokalorien, 2 g Eiweiß, 3 g Fett, 27 g Kohlenhydrate, 3 g Ballaststoffe

FRÜCHTESALAT EXOTISCH UND GEPFEFFERT

Rosa Pfeffer war bis vor kurzem so angesagt, dass es schwerfiel, im Restaurant ein Gericht zu ordern, das nicht mit den roten Beeren übersät war. Dieser Hype ist erfreulicherweise vorüber. Jetzt dürfen wir wieder mit ihm würzen – und zwar dort, wo er wirklich passt und nicht nur optisch reizvolle Akzente setzt. Exotische Früchtchen beispielsweise gewinnen sehr durch sein nachhaltiges, pfeffrig-süßes Aroma. Sein Name übrigens trügt. Botanisch betrachtet ist rosa Pfeffer gar kein Pfeffer. Er ist die Frucht des südamerikanischen Schinusbaumes, nicht die von Piper nigrum, der tropischen Kletterpflanze, die uns den grünen, weißen und schwarzen Pfeffer beschert.

ZUTATEN für 4 Portionen

1 Mangofrucht (nicht zu weich)
1 feste Birne
1 große Kakifrucht
2 Orangen
1 Endivien- oder Römersalat
2 EL rosa Pfefferkörner
3 EL Walnussöl oder Kürbiskernöl
1 EL Zitronensaft
1–2 TL Blütenhonig
Salz

ZUBEREITUNG

1 Mango, Birne und Kaki dünn schälen. Von der Kaki das untere grüne Ende großzügig wegschneiden, dann die Frucht längs in dünne Scheiben schneiden. Die Mango ebenfalls längs in Scheiben schneiden, dabei unansehnliche Stücke beiseitelegen. Von der Birne rund um das Kerngehäuse längliche Scheiben abschneiden.

2 Die Orange sehr dick schälen, alles Weiße dabei entfernen, dann quer in Scheiben schneiden. Den dabei austretenden Saft über die anderen Früchte geben. Salat waschen, trocknen und eine große Platte damit auslegen, alle Fruchtscheiben darauf dekorativ anrichten und mit den leicht zerquetschten rosa Pfefferkörnern bestreuen.

3 Aus Öl, Zitronensaft, Salz und Honig eine Marinade bereiten. In eine kleine Karaffe füllen und bei Tisch zum Früchtesalat reichen.

Zubereitungszeit: 30 Minuten

TIPPS

1 *Sie können für den Salat auch andere Früchte und Fruchtkombinationen wählen. Ananas, Papaya, Kiwi eignen sich gut. Und ein Apfel darf allemal daruntergemischt werden.*

2 *Sehr attraktiv und schmackhaft: Streuen Sie anstelle von rosa Pfeffer Granatapfelkerne über die Früchte. Zu bedenken ist allerdings, dass viele Menschen ungern Granatapfelkerne herunterschlucken. Und: Zu dieser Kombination passt statt der Marinade gut auch geschlagene Sahne.*

3 *Wenn Sie große Schwierigkeiten beim Schneiden einheitlicher appetitlicher Scheiben haben, würfeln Sie das Fruchtfleisch lieber. Aber auch die Würfelform sollte möglichst gleichförmig sein.*

Nährwert für eine Portion: 125 Kilokalorien, 1 g Eiweiß, 7 g Fett, 14 g, Kohlenhydrate, 3 g Ballaststoffe

ASIA**LACHS**

Einst ging er auf Wanderschaft, von den Flüssen hinunter in den Atlantik und dann wieder zurück zum Laichen in den heimischen Fluss: Heute ist dieser wilde Lachs der Gattung Salmo Salar vom Aussterben bedroht. Das, was Sie im Handel finden, ist Wildlachs aus dem Pazifik oder Zuchtlachs. Zuchtlachs stammt häufig aus großen Gehegen in den norwegischen Fjorden. Anders als zu den Anfängen der Zucht ist er inzwischen, das ergaben unsere Untersuchungen, meist von guter Qualität und schadstoffarm. Er ist zwar relativ fettreich, aber die im Lachsöl reichlich enthaltenen Omega-3-Fettsäuren sind lebenswichtig und gut für Herz und Kreislauf.

ZUTATEN für 4 Portionen

75 ml Sojasauce
75 ml Mirin (süßer japanischer Reiswein)
1 TL Sesamöl
1 EL brauner Zucker
Chiliflocken
500 g Lachsfilet (gefroren oder frisch)
1 TL Öl für die Pfanne

ZUBEREITUNG

1 Sojasauce, Mirin und Sesamöl vermengen, den Zucker darunterrühren, bis er sich aufgelöst hat, nach Geschmack mit Chiliflocken würzen. Den abgespülten und trocken getupften Lachs für etwa 20 Minuten in diese Marinade legen, hin und wieder wenden. Währenddessen den Backofen auf 150 °C (Umluft 130 °C) vorheizen.

2 Die Lachsfilets in einer beschichteten, mit Öl ausgepinselten Pfanne von beiden Seiten anbraten, dann in einer feuerfesten Form im Backofen je nach Dicke der Filets 15 bis 25 Minuten garen. Zwischendurch etwas Marinade nachgießen. Besonders glänzend und leicht karamellisiert wird der Lachs, wenn Sie zum Schluss der Backzeit kurz den Grill einschalten.

Zubereitungszeit: 45 Minuten, davon 20 Minuten Arbeit

TIPPS

1 Zu diesem marinierten Asialachs passen Reis und als Gemüsebeilage in der Pfanne gedünstete Frühlingszwiebeln oder Blattspinat mit Knoblauch und Ingwerscheiben.

2 Große, gut sortierte Supermärkte führen inzwischen asiatische Lebensmittel. Mirin bekommen Sie auf jeden Fall in Asia-Läden. Auch im Internet finden Sie Bestelladressen. Die Zutaten lassen sich aber notfalls auch austauschen: Anstelle des Sesamöls können Sie auch Rapsöl nehmen, anstelle von Mirin auch Sherry oder Balsamessig. Geben Sie dann mehr Zucker in die Marinade und eventuell zusätzlich etwas gemahlenen Koriander.

Nährwert für eine Portion: 300 Kilokalorien, 27 g Eiweiß, 18 g Fett, 5 g Kohlenhydrate, praktisch keine Ballaststoffe

CEVICHE MIT NEKTARINEN

Ceviche (sprich: ssewitsche) ist roher, in Limettensaft marinierter Fisch. Wenn Sie ihn nach ein paar Stunden aus dem Kühlschrank holen, ist er durch die Fruchtsäuren praktisch kalt gegart, dabei aber zart und aromatisch. Wir servieren das peruanische Nationalgericht mit Nektarinen und Frühlingszwiebeln. Chili und Honig sorgen für einen feurig-harmonischen Kontrast.

ZUTATEN für 4 Portionen

400 g Weißfischfilets (wie Zander, Forelle)
3 TL Salz
Pfeffer
4 Bio-Limetten
3 EL Oliven- oder Rapsöl
1 EL süßer Senf
1 TL Honig
Salz, etwas Chiliflocken
2 Nektarinen
2 Frühlingszwiebeln
½ Frisee- oder Eichblattsalat

ZUBEREITUNG

1 Fischfilets von Gräten befreien, in eine flache Schüssel legen. Salzen, pfeffern, mit dem Saft von 3 Limetten (ersatzweise Zitronen) begießen. 2 bis 3 Stunden zugedeckt in den Kühlschrank stellen. Zwischendurch wenden.

2 Marinade aus dem Saft der verbliebenen Limette, etwas geriebener Limettenschale, Öl, Senf, Honig, Salz und Chiliflocken anrühren. Nektarinen in Scheiben oder Würfel, Frühlingszwiebeln in sehr feine Ringe schneiden. Marinade über Nektarinen und Frühlingszwiebeln geben.

3 Salat waschen, eine flache Servierschüssel mit den Blättern auslegen. Die marinierten Fischfilets aus dem Sud nehmen, abtropfen lassen, schräg in dünne, etwa 2 cm breite und 4 cm lange Streifen schneiden, auf dem Salat anrichten und mit Nektarinen-Marinade bedecken. Dazu passt frisches Weißbrot.

Zubereitungszeit: 3 Stunden, davon 30 Minuten Arbeit

TIPPS

1 *Für Ceviche geeignet sind fettarme feine Weißfische wie Dorade, Loup de Mer, Seehecht, Forelle, aber auch Jakobsmuscheln oder Lachs. Auch gefrorener Fisch kann verwendet werden.*

2 *Das Marinieren in Säure zersetzt das Eiweiß des Fischs und macht ihn länger haltbar. Bei Forellenfilets geht das schneller als bei festeren Seefischen.*

3 *Beim Kombinieren haben Sie die Wahl: Auch Mangos oder Äpfel passen dazu, herzhafter wird es mit Avocado, Tomaten, Zwiebeln. Reizvoll sind auch Variationen mit Koriander oder Ingwer.*

Nährwert für eine Portion: 220 Kilokalorien, 21 g Eiweiß, 10 g Fett, 8 g Kohlenhydrate, 2 g Ballaststoffe

DORADE – GANZ EINFACH GEBACKEN

Einfacher und schneller kann man Fisch nicht zubereiten: In unserem Rezept garen die zartfleischigen Doraden praktisch von allein. Den feinen Mittelmeerfisch – auch als Goldbrasse bekannt – gibt es inzwischen preisgünstig aus der Zucht. Mit anderen Fischen wie Lachsforellen funktioniert das Rezept aber genauso gut. Zitronen und Limetten sind ideale Begleiter. Ihre fruchtige Säure sorgt dafür, dass das Fleisch kernig und fest wird, aber doch zart bleibt.

ZUTATEN für 4 Portionen

4 Doraden (je 350–400 g)
1 EL grobes Salz
2 Frühlingszwiebeln
1 Bund Petersilie
2 Bio-Zitronen
2 EL Butter
1 EL grobes Salz

ZUBEREITUNG

1 Backofen auf 180 °C vorheizen (Ober- und Unterhitze, keine Umluft). Doraden ausnehmen, waschen, trocknen, innen leicht salzen. Frühlingszwiebeln in 5 cm lange Stücke schneiden. Jeden Fisch mit einem Stück Frühlingszwiebel, gewaschener, klein geschnittener Petersilie und 2 dünnen Zitronenscheiben füllen. Etwas Petersilie übrig lassen.

2 Backblech mit 1 EL Butter ausstreichen, etwas körniges Salz daraufstreuen, die Fische flach darauflegen, noch einmal mit Salz bestreuen. Mit Butterflöckchen und den restlichen Zitronenscheiben belegen.

3 In der Mitte des vorgeheizten Backofens 25 bis 35 Minuten garen. Zum Servieren mit Zitronenscheiben und Petersilie belegen. Dazu eignen sich schlichte Kräuterkartoffeln (Seite 154) oder Brot (Seite 176).

Zubereitungszeit: 50 Minuten, davon 20 Minuten Arbeit

TIPPS

1 *Achten Sie beim Kauf auf glänzend feste Haut, auf klare, pralle Augen, eng anliegende Kiemen. Sie zeugen bei allen Fischen von Frische. Doraden haben kaum feste Schuppen.*

2 *Halten Sie die Gartemperatur ein, sonst wird der Fisch schnell trocken. Herkömmliche Ober- und Unterhitze ist günstiger als die stärker austrocknende Umluft. Der Fisch ist gar, wenn man die Haut mühelos abheben kann.*

3 *Ebenso gut wie kalorienreich sind Kräuterbrösel dazu: 2 EL Semmelbrösel mit 1 gehackten Knoblauchzehe in 4 EL Öl anbraten, reichlich gehackte Petersilie unterheben.*

Nährwert für eine Portion: 250 Kilokalorien, 33 g Eiweiß, 11 g Fett, praktisch keine Kohlenhydrate oder Ballaststoffe

LACHSROLLE ROT-GRÜN

In Skandinavien wurde Lachs früher roh mindestens drei Tage zum Konservieren mit Beize eingegraben (gravad) und mit Steinen beschwert. Der Druck entzog dem Fisch Wasser und den Keimen die Grundlage. Heute bringt man Lachs mitsamt Beize zum Marinieren ins Kühlhaus – oder zum Räuchern. Hier eine farbenfrohe Rolle mit Spinat, gut vorzubereiten als kalorienarme Vorspeise oder für ein Buffet.

ZUTATEN für 8 Portionen

4 Eier
Salz, Pfeffer, Muskatnuss
225 g Blattspinat (tiefgefroren)
½ Bio-Zitrone
200 g Doppelrahmfrischkäse
1 Bund Dill (ersatzweise geriebener Meerrettich)
200–250 g Gravad-Lachs in dünnen Scheiben (ersatzweise Räucherlachs)

ZUBEREITUNG

1 Backofen auf 200 °C vorheizen. Eier trennen, Eigelb mit Salz, Pfeffer und Muskat würzen. Aufgetauten Spinat gut ausdrücken, mit dem Eigelb pürieren (Mixstab).

2 Eiweiß mit einer Prise Salz sehr steif schlagen, unter die Eigelb-Spinat-Mischung heben. Auf einem Blech mit Backpapier verstreichen. 10 bis 12 Minuten backen. Den gebackenen Teig stürzen: Mit einem Küchenhandtuch abdecken und das Blech vorsichtig umdrehen. Backpapier gleich abziehen, den Teig auskühlen lassen.

3 Zitronenschale abreiben und mit dem ausgepressten Saft, Frischkäse, gehacktem Dill, Salz und Pfeffer mischen. Vorsichtig auf dem Teig verstreichen, darauf die Lachsscheiben legen. Dabei etwa 2 cm Rand auf einer Seite frei lassen. Von der vollständig belegten Längsseite her einrollen, in Frischhaltefolie mindestens eine Stunde kühl stellen.
In dünne Scheiben geschnitten servieren.

Zubereitungszeit: 2 Stunden, davon 40 Minuten Arbeit

TIPP

1 *Wenn Sie Räucherlachs nehmen, dann die Frischkäse-Creme besser mit zwei bis drei Teelöffeln Meerrettich würzen. Gravad-Lachs harmoniert eher mit Dill.*

2 *Falls Sie frischen Spinat benutzen, müssen Sie etwa 600 g nehmen. Tiefgefrorener pürierter Spinat geht auch – und ist sogar einfacher zu verarbeiten.*

3 *Die Rolle lässt sich verpackt in Frischhaltefolie im Kühlschrank gut zwei Tage aufbewahren und auch prima einfrieren.*

Nährwert für eine Portion: 145 Kilokalorien, 15 g Eiweiß, 12 g Fett, 3 g Kohlenhydrate, 1 g Ballaststoffe

WILDLACHSTATAR

Der bei uns im Handel angebotene Wildlachs stammt zumeist aus dem nördlichen Pazifik, aus den Gewässern bei Alaska. Er gehört einer anderen Lachsgattung an als der Zuchtlachs aus dem Atlantik. Der pazifische Lachs (Oncorhynchus) ist deutlich fettärmer und viel fester im Fleisch als der Atlantiklachs (Salmo Salar). Das macht ihn für das Tatar besonders gut geeignet.

ZUTATEN für 4 Portionen
500 g Wildlachsfilet (gefroren oder frisch)
1–2 Zwiebeln
½ Bund Basilikum
½–1 TL Korianderkörner
2 EL Olivenöl
Salz, Pfeffer

ZUBEREITUNG

1 Lachsfilet mit einem scharfen Messer in sehr feine Würfel schneiden. Keinesfalls hacken, dann „schmiert" das Filet.

2 Die Zwiebeln (am elegantesten schmecken Schalotten) ebenfalls sehr fein würfeln. Basilikum hacken, einige Blätter zum Dekorieren beiseitelegen. Korianderkörner im Mörser fein zerstampfen, ersatzweise etwas fertig gemahlenen Koriander nehmen.

3 Alle Zutaten vorsichtig mischen, mit Salz und frisch gemahlenem schwarzen Pfeffer abschmecken.

Zubereitungszeit: 20 Minuten

TIPP

Das Tatar kann auch mit Zuchtlachs zubereitet werden, auch mit bereits in Scheiben geschnittenem Räucher- oder Gravad-Lachs. Da Zuchtlachs aber durch seinen deutlich höheren Fettgehalt recht weich ist, sollte er vor dem Schneiden etwas angefroren werden. Und die Olivenölmenge muss reduziert werden.

Nährwert für eine Portion: 200 Kilokalorien, 27 g Eiweiß, 8 g Fett, 1 g Kohlenhydrate, praktisch keine Ballaststoffe

MATJESRÖLLCHEN

Jeder Matjes ist ein Hering, aber nicht jeder Hering ist ein Matjes – schon gar kein Matjes klassisch. Diese Delikatesse hat marzipanhelles, wunderbar zartes, buttriges Fleisch. Weit häufiger finden Sie im Handel aber „Matjesfilets nach nordischer Art", die deutlich saurer und auch derber sind. Für unsere gefüllten Matjesröllchen eignen sich beide Sorten.

ZUTATEN für 4 Portionen

4 Matjesfilets
1 fester Apfel, rotschalig
100 g Salatgurke
100 g Radieschen
1 TL Meerrettich
100 g Crème fraîche
Salz, Pfeffer, etwas Zucker
Schnittlauch

ZUBEREITUNG

1 Matjesfilets trocken tupfen, zu trichterförmigen Ringen rollen, mit Holzzahnstochern zusammenstecken.

2 Apfel waschen, vierteln, Kerngehäuse entfernen. Gurke schälen, entkernen, Radieschen waschen. Alles in sehr feine Streifen schneiden, mischen, in die Matjesröllchen füllen.

3 Aus Meerrettich, Crème fraîche, Salz, Pfeffer und einer Prise Zucker eine Marinade rühren. Diese Marinade kann zu den Matjesröllchen bei Tisch gereicht werden oder vor dem Servieren über die Matjesfüllung gegeben werden. Zur Dekoration einige Schnittlauchhalme kürzen und in die Füllung stecken.

Zubereitungszeit: 40 Minuten

TIPP

Für die Herstellung eines klassischen oder holländischen Matjes gelten besondere Bedingungen. Zunächst einmal muss der Hering jungfräulich gefangen werden – im Frühjahr, wenn er noch nicht gelaicht, aber sich bereits eine respektable Fettschicht angefuttert hat. Mitsamt Gräte, Schwanz und – ganz wichtig – Bauchspeicheldrüse wird er in Eichenfässern in Salz gelagert, dort reift er dann durch sein körpereigenes Bauchspeichelenzym. Matjes nordischer Art wird dagegen ausgenommen und als fertiges Filet mit zugesetzten Enzymen, Salz, Zucker und Säuerungsmitteln eingelegt.

Nährwert für eine Portion: 307 Kilokalorien, 13 g Eiweiß, 24 g Fett, 5 g Kohlenhydrate, 1 g Ballaststoffe

FISCH AN GRAPEFRUITLINSEN

Hier haben sich Linsen mit Fisch fein gemacht, von biederer Hausmannskost keine Spur. Alle weißen Filets sind gut geeignet, ebenso Lachs. Die Linsen sollten klein sein wie die Pardina, die mittlerweile auch die Supermärkte führen. Edler zeigen sich die schwarzen kleinen Beluga, besonders im Kontrast zur rosa Grapefruit. Beide Linsensorten müssen nicht einweichen und gerade mal eine halbe Stunde kochen.

ZUTATEN für 4 bis 6 Portionen

250 g kleine Linsen
2 Knoblauchzehen
1 Zweig Rosmarin
(oder ½ TL getrockneter)
1–2 EL heller Balsamessig
2 EL Rapsöl
Salz
1 Zitrone
600 g Weißfischfilets
Tempuramehl (ersatzweise Weizenmehl)
2 EL Rapsöl
1 rosa Grapefruit
100 g Feldsalat (ersatzweise kleiner Romana)

ZUBEREITUNG

1 Für die Linsen gut 1 l Wasser aufsetzen, die Linsen und geschälte Knoblauchzehen hineingeben, 30 Minuten – ohne Salz – köcheln lassen. Den Rosmarin für die letzten 10 Minuten dazugeben. Die Linsen sollen gar, aber noch fest sein. Linsen gründlich abspülen.

2 Eine Vinaigrette aus Essig und Öl rühren, über die abgetropften Linsen geben, salzen. Mindestens 30 Minuten, besser über Nacht, durchziehen lassen.

3 Zitrone auspressen, Fischfilets mit dem Saft beträufeln, etwa 10 Minuten ziehen lassen. Vor dem Braten abtupfen, salzen, kurz in Tempuramehl (ersatzweise Weizenmehl) wenden, in der heißen Pfanne mit Öl von jeder Seite je nach Dicke der Filets 2 bis 4 Minuten braten.

4 Vor dem Servieren Grapefruit filetieren. Das geht am einfachsten so: Frucht halbieren, mit Grapefruitlöffel oder -messer einzelne Filets auslösen. Alternative: Grapefruit gründlich, mit Schalenweiß, abschälen, Filets heraustrennen. Mit Linsen und Salat anrichten.

Zubereitungszeit: 70 Minuten, davon 30 Minuten Arbeit

TIPPS

1 *Der Fisch passt auch zu unseren Sauerkrautvariationen (Seite 124) oder dem Zitronenrisotto (Seite 163).*

2 *Tempuramehl aus dem Asia-Laden ist eine Mischung aus Weizenmehl mit Stärke und Backpulver, die Frittiertes besonders knusprig werden lässt.*

3 *Für größere Mengen den Fisch nach und nach braten, bei 50 °C im Ofen warm halten. Oder von jeder Seite 1 Minuten anbraten, dickere Filets wie Lachs auch 2 Minuten, bei 80 °C im Ofen je nach Dicke der Filets 20 bis 30 Minuten zu Ende garen. Die Panade würde im Ofen an Knusprigkeit verlieren, deswegen verzichten Sie besser ganz drauf.*

Nährwert für eine Portion (bei 6 Portionen): 300 Kilokalorien, 30 g Eiweiß, 10 g Fett, 28 g Kohlenhydrate, 8 g Ballaststoffe

FISCHGRATIN MIT KRÄUTERN

Mit frischem Fisch klappt das Gratinieren optimal. Wenn Sie mal keine Zeit zum Einkaufen haben, nehmen Sie einfach Tiefkühlware – Auftauen können Sie sich sparen: In den Tipps steht, wie es geht. In jedem Fall ruht unser Fisch auf einer saftigen Kartoffel-Tomaten-Kombination und trägt eine Haube aus Kräuterquark und Parmesan. All das macht die Sache zu einer mehr als befriedigenden Mahlzeit. So mögen sogar Kinder Fisch.

ZUTATEN für 4 Portionen

750 g Kartoffeln
1 EL Öl
3 mittelgroße Tomaten
(oder eine kleine Dose geschälte)
1 EL Butter
Salz, Pfeffer
600 – 700 g Weißfisch
½ Zitrone
200 g Speisequark (20 % Fett i. Tr.)
2 Eier
50 g geriebener Parmesan
1 Bund Petersilie

ZUBEREITUNG

1 Ofen auf 200 °C vorheizen. Kartoffeln schälen, in dünne Scheiben schneiden, in eine gefettete Auflaufform legen, darüber in Scheiben geschnittene Tomaten geben. Butterflöckchen darauf verteilen, salzen und pfeffern. Form in den Ofen stellen und 25 Minuten backen.

2 Fisch mit Zitrone beträufeln. Speisequark mit 2 Eigelb, dem Parmesan und gehackter Petersilie verrühren.

3 Auflaufform nach 25 Minuten Backzeit aus dem Ofen nehmen, Hitze auf 180 °C reduzieren. Die Fischstücke auf Kartoffeln und Tomaten legen, mit der Quarkmischung bestreichen. Die Auflaufform zurück in den Ofen stellen und weitere 25 Minuten backen.

Zubereitungszeit: 70 Minuten, davon 30 Minuten Arbeit

TIPPS

1 *Luftiger wird die Haube, wenn Sie die beiden Eiweiße geschlagen unterheben. Dann bräunt das Ganze aber schneller, und Sie müssen das Gratin eventuell mit Alufolie abdecken.*

2 *Variieren Sie die Kräuter: Auch Dill, Schnittlauch oder Rucola (etwa 80 g) passen gut.*

3 *Kommt der Fisch direkt aus der Tiefkühltruhe, braucht er länger. Das zieht die gesamte Backzeit nicht wesentlich in die Länge, sie verteilt sich aber anders. Dann den Fisch schon nach 20 Minuten auf die Kartoffeln legen, auf 180 °C zurückschalten, das Ganze noch 35 bis 40 Minuten backen. Eventuell zum Schluss abdecken, damit das Gratin nicht zu stark bräunt.*

Nährwert für eine Portion: 560 Kilokalorien, 45 g Eiweiß, 9 g Fett, 45 g Kohlenhydrate, 5 g Ballaststoffe

ENTENBRUST MIT ROSMARINAPFEL

Unsere Entenbrust wird nur in der Pfanne gebraten, ohne zusätzliches Fett. Das nämlich steckt reichlich unter der Haut des Wasservogels. Die Zubereitung erfordert allerdings Konzentration. Schon einige Minuten mehr oder weniger entscheiden darüber, ob eine Entenbrust hellrosa oder fast durchgebraten auf den Tisch kommt. Faustregel: Wenn kein blutiger Saft mehr austritt, ist das Fleisch durchgebraten. Wer sehr unsicher ist, nutzt auch in der Pfanne ein Fleischthermometer.

ZUTATEN für 4 Portionen

2 Entenbrüste (je 350 g)
Salz, Pfeffer

Rosmarinapfel
6 mittelgroße Äpfel
2–3 Zweige Rosmarin

ZUBEREITUNG

1 Für die Apfelbeilage die Äpfel vierteln, schälen, Kerngehäuse entfernen. In einem großflächigen Topf bei sehr geringer Hitze in etwa 20 Minuten weich garen. Inzwischen die Rosmarinnadeln von den Stielen lösen. Sehr harte Nadeln klein hacken, eher weiche, hellgrüne Nadeln ganz belassen. Zum Ende der Kochzeit an die Apfelviertel geben.

2 Entenbrüste waschen, trocken tupfen, die Haut längs und quer mehrfach einschneiden. Dabei nicht in das Fleisch schneiden. Eine schwere Pfanne ohne Fett hoch erhitzen, die Entenbrüste mit der Hautseite nach unten in die heiße Pfanne legen. Nach 1 Minute die Hitze auf eine mittlere Einstellung herunterschalten.

3 Insgesamt die Entenbrüste etwa 10 Minuten auf der Hautseite braten. Dabei sollte fast das gesamte Fett austreten, die Haut kross und braun, aber nicht schwarz werden. Dann wenden und bei weiterhin mäßiger Hitzezufuhr 8 bis 10 Minuten auf der Fleischseite braten. In Alufolie wickeln und etwa 5 Minuten ruhen lassen.

4 Zum Servieren das Fleisch in Scheiben schneiden, mit einem Rosmarinzweig garnieren und mit dem Rosmarinapfel auf einer vorgewärmten Platte servieren.

Zubereitungszeit: 45 Minuten

TIPPS

1 *Bei sehr vielen Gästen können Sie Entenbrüste auch im Backofen zubereiten. Lösen Sie die Haut vom Fleisch und braten Sie die Brüste in wenig Olivenöl portionsweise bei starker Hitze an: Jede Seite etwa 2 Minuten. Legen Sie die Brüste auf ein gefettetes Backblech, salzen und pfeffern Sie die Oberseite, würzen Sie zusätzlich nach Belieben mit einer Paste aus etwas Öl, durchgepresstem Knoblauch und provençalischen Kräutern. Im auf 80 °C vorgeheizten Backofen werden die Entenbrüste in rund 40 Minuten gar.*

2 *Wer sichergehen will, nutzt ein Fleischthermometer. Bei einer Kerntemperatur von 60 bis 65 °C sind die Brüste gar, aber immer noch rosig.*

3 *Dazu passen Backkartoffeln (Seite 154) oder einfach Baguette.*

Nährwert für eine Portion: 340 Kilokalorien, 30 g Eiweiß, 15 g Fett, 20 g Kohlenhydrate, 2 g Ballaststoffe

KNOBLAUCHHUHN AN KNOBLAUCHPÜREE

Das Rezept für Knoblauchhuhn ist ein test-Klassiker. Als wir es zum ersten Mal veröffentlichten, erreichten uns so viele begeisterte Zuschriften, dass es in diesem Buch auf keinen Fall fehlen darf. Wir müssen allerdings gestehen, dass die Rezeptidee nicht von uns stammt. Sie wurde in einem Ort namens Gilroy in Kalifornien geboren, wo alljährlich zur Erntezeit des Knoblauchs das Gilroy-Garlic-Festival stattfindet. Für das Knoblauchhuhn gibt es eine strikte Regel: Es müssen genau 40 Knoblauchzehen sein. Uns ist das immer noch nicht genug, wir servieren dazu ein Knoblauchpüree.

ZUTATEN für 4 Portionen

1 Hähnchen (zerteilt) oder
4 Hähnchenkeulen.
3 Stangen Staudensellerie
40 Knoblauchzehen (3–4 Knollen), möglichst rotschalig
1 Bio-Zitrone
6 EL trockener Wermut
3 EL Olivenöl
1 Bund Petersilie
Salz, Pfeffer, Chiliflocken

Knoblauchpüree

3–4 Knoblauchknollen (400 g)
Salz
100 g Crème fraîche

ZUBEREITUNG

1 Backofen auf 180 °C (Umluft 160 °C) vorheizen. Die Hähnchenteile waschen, trocken tupfen, in einen gefetteten Bräter legen. Staudensellerie waschen, in 2 cm lange Stücke schneiden, zum Hähnchen geben. 40 ungeschälte Knoblauchzehen darüberlegen.

2 Von der Zitrone die Schale dünn abschälen, in feine Streifen schneiden, ebenfalls über das Hähnchen geben. Zitrone auspressen, den Saft mit Wermut, Öl, gehackter Petersilie und Gewürzen vermischen, über das Hähnchen träufeln.

3 Den Bräter mit Alufolie abdecken und für 40 Minuten auf der mittleren Schiene des Ofens backen. Dann die Folie entfernen, Temperatur auf 220 °C hochschalten und noch 15 bis 20 Minuten bräunen.

Knoblauchpüree: Knoblauchknollen in Zehen teilen, schälen und in einem Topf mit etwas Salz und einer Tasse Wasser in etwa 10 Minuten weich garen. Das Wasser abgießen, Crème fraîche zum Knoblauch geben und alles mit dem Pürierstab auf niedriger Stufe pürieren.

Zubereitungszeit: 90 Minuten, davon 30 Minuten Arbeit

TIPP

Im Juni, Juli und August kommt Knoblauch erntefrisch aus Italien, Spanien oder Frankreich. Dann ist er am saftigsten und schmeckt am besten. Wählen Sie den rosafarbenen, der hat das feinste Aroma.

Nährwert für eine Portion: 550 Kilokalorien, 46 g Eiweiß, 22 g Fett, 35 g Kohlenhydrate, 8 g Ballaststoffe

HÜHNERCURRY MIT KARDAMOM

Curry, darunter versteht man in Indien keinesfalls eine gelb färbende Gewürzmischung. Ein Curry ist ein meist recht scharfes Gericht auf der Basis von Huhn, Lamm, Fisch oder Gemüse, umhüllt von einer Sauce, oft aus Joghurt oder Kokosmilch. Die vielfältigen Geschmacksnuancen eines Currys werden selten nur durch eine einzelne Zutat bestimmt, sondern durch die Komposition einer Vielzahl von Gewürzen, beispielsweise Chili, Kurkuma, Koriander, Kreuzkümmel, Nelken und Muskat. Jede Familie hat ihr eigenes Rezept, wenn es um die Zusammenstellung des Masala, der Gewürzmischung, geht. Wir benutzen in diesem Rezept das in Europa handelsübliche Currypulver – erweitern es aber um ein paar entscheidende Geschmacksnuancen.

ZUTATEN für 4 Portionen

500 g Hühnerbrust ohne Haut
4 EL Raps- oder helles Sesamöl
3 EL Kardamom, gemahlen
1 EL Currypulver
1 TL Koriandersamen, gemahlen
½ TL Chiliflocken
100 g Cashewkerne
250 g Joghurt
1 TL Zitronenschale, gerieben
Salz, schwarzer Pfeffer
eventuell einige Spritzer Zitronensaft

ZUBEREITUNG

1 Die Hühnerbrüste in etwa 2 cm mal 3 cm große Quader schneiden, trocken tupfen und im heißen Öl in einer großen Pfanne von allen Seiten gut anbraten. Fleisch aus der Pfanne nehmen, beiseitestellen.

2 Kardamom, Currypulver, Koriander, Chiliflocken und die Cashewkerne in die Pfanne geben und bei mittlerer Hitze einige Minuten lang anrösten.

3 Die Hühnerstückchen wieder in die Pfanne geben, nach etwa 3 Minuten auch den Joghurt und die geriebene Zitronenschale. Etwa 5 Minuten erhitzen, dabei alles gut umrühren. Abschmecken mit Salz, schwarzem Pfeffer und – um die leicht säuerliche Geschmackskomponente abzurunden – eventuell etwas Zitronensaft.

Zubereitungszeit: etwa 30 Minuten

TIPP

Eine helle, milde, auch kindertaugliche Curry-Variante: Lassen Sie die Chiliflocken weg und die Gewürze im Fett nur ganz kurz anschwitzen. Die Cashewkerne werden ungeröstet püriert und kommen zum Schluss an die Sauce.

Nährwert für eine Portion: 404 Kilokalorien, 36 g Eiweiß, 24 g Fett, 10 g Kohlenhydrate, 1 g Ballaststoffe

GESCHMORTES **PFANNENFLEISCH**

Gedämpft und anschließend gebraten, wird auch ein simples Schweinesteak oder -kotelett zu einem zarten Genuss. Die italienische Zubereitung braucht nur etwas Zeit – und Aufsicht, damit nichts anbrennt. Dazu kommen aromatische Zutaten für die Sauce. Die kann ruhig ein paar Esslöffel Olivenöl oder Butter vertragen, denn vorher wurde in der Pfanne mit Fett gegeizt. Wir stellen zwei ganz unterschiedliche Varianten vor. Saucenfans sollten die Mengen verdoppeln.

ZUTATEN für 4 Portionen

4 Schweinekoteletts oder -steaks, leicht durchwachsen (600 g)
Salz, Pfeffer
1 EL Öl

Mediterrane Variante
1 Knoblauchzehe
2 kleine Zwiebeln
100 ml Weißwein oder Brühe
½ Bund Petersilie
100 g kleine Tomaten
2 EL Oliven
3 – 4 EL Olivenöl

Kräuter-Variante
½ TL Rosmarinnadeln
½ TL frischer Thymian
1 TL Fenchelsamen
2 kleine Zwiebeln
100 ml Wein oder Brühe
100 g Crème fraîche
Salz, Pfeffer
1–2 TL Semmelbrösel
(oder Mehlbutter, Seite 122)

ZUBEREITUNG

Mediterrane Variante

1 Steaks oder Koteletts klopfen, Fettränder einschneiden, salzen, pfeffern, Knoblauch schälen und hacken. Fleisch und Knoblauch in einer beschichteten Pfanne mit 1 EL Öl anbraten.

2 Etwas Wasser dazugeben, Deckel so daraufsetzen, dass sehr langsam Dampf entweichen und das Fleisch bei niedriger Hitze schmoren kann. Wenn die Flüssigkeit fast verdampft ist, die Stücke wenden, noch einmal Wasser angießen und verdampfen lassen, bis das Fleisch bräunt. Insgesamt sollte es etwa 1 Stunde schmoren. Gegen Ende der Kochzeit Ofen auf 50 °C vorheizen.

3 Geschnittene Zwiebeln mit Wein oder Brühe dazugeben, 2 Minuten köcheln, das Fleisch herausnehmen, im Ofen warm stellen.

4 Gehackte Petersilie, halbierte Tomaten und Oliven in die Pfanne geben, alles etwa 2 bis 3 Minuten einkochen lassen. Olivenöl kurz miterhitzen, zum Servieren auf den Steaks oder Koteletts verteilen.

Kräuter-Variante

1 Koteletts oder Steaks salzen und pfeffern, Rosmarin, Thymian und Fenchelsamen auf dem Fleisch andrücken. In 1 EL Öl anbraten, dann wie in Schritt 2 bei der mediterranen Variante schmoren.

2 Nach einer Stunde, wenn das Wasser verdampft ist, geschnittene Zwiebeln zugeben, mit 100 ml Wein oder Brühe löschen und den Bratensatz loskochen. 100 g Crème fraîche dazugeben, aufkochen, mit Salz und Pfeffer abschmecken. Zum Binden 1 bis 2 TL Semmelbrösel oder Mehlbutter mitköcheln.

Zubereitungszeit: 90 Minuten, davon 30 Minuten Arbeit

Nährwert für eine Portion (mediterrane Variante): 317 Kilokalorien, 30 g Eiweiß, 20 g Fett, 3 g Kohlenhydrate, 1 g Ballaststoffe

BALSAMICOFILET MIT MARONENPÜREE

Ohne Balsamessig (Balsamico) geht in unserer Küche fast gar nichts. Seine sanfte Säure, kombiniert mit Süße, bringt das Aroma vieler Gerichte erst richtig zur Geltung. Wobei wir natürlich nicht mit dem Original kochen. Der echte Aceto Balsamico Tradizionale di Modena aus Trebbiano-Trauben wird zwischen 12 und 25 Jahren in verschiedenen Holzfässern gelagert und kostet um die 100 Euro pro Viertelliter. Das ist selbst für dieses wunderbar aromatische Gericht zu kostbar.

ZUTATEN für 4 Portionen

2 Schweinefilets (je 400 g)
Salz, Pfeffer
6 EL dunkler Balsamessig
1 Ananas
2–3 EL Rapsöl
1 EL brauner Zucker
2 EL Honig
½ TL Chiliflocken

Maronenpüree

250 g gegarte, geschälte Maronen (vakuumverpackt)
100 ml Milch
1 TL Balsamessig
6 EL Sherry
150 ml Sahne
Salz

TIPP

Wenn Sie eine Sauce möchten, geben Sie nach dem Anbraten des Filets etwa 100 ml Rotwein, Obstsaft oder Brühe in die heiße Pfanne. Fügen Sie dann 100 g Crème fraîche dazu, lassen Sie alles offen köcheln und etwas eindicken. Zum Schluss mit Salz, Pfeffer, Zucker, Balsamico abschmecken.

ZUBEREITUNG

1 Am Tag vor dem Braten oder einige Stunden davor die Filets säubern: sehnige, fette Stellen wegschneiden. Abspülen, trocken tupfen, salzen und pfeffern. Dann in einer Schüssel mit 4 EL Balsamessig bestreichen.

2 Den Ofen auf 80 °C vorheizen. Die Ananas großzügig schälen, längs achteln und das harte Innere abschneiden. Mit Küchenpapier trocken tupfen, in einer Pfanne in 1 EL Rapsöl und Zucker karamellisieren, aus der Pfanne nehmen und beiseitelegen.

3 Die Schweinefilets mit Küchenpapier abtrocknen. Restliches Öl in die gesäuberte Pfanne geben und sehr heiß werden lassen. Die Filets darin auf allen vier Seiten je 2 Minuten anbraten.

4 Eine flache, ofenfeste Form einfetten, die Filets in die Form legen, von oben noch einmal leicht salzen und dann mit einer Mischung aus Honig, dem restlichen Balsamessig und Chiliflocken dünn bestreichen. Im Ofen 90 Minuten garen. Zum Ende der Bratzeit die karamellisierten Ananasachtel zu den Filets in die Form legen.

5 Herd ausstellen, die Schweinefilets noch bis zu 10 Minuten ruhen lassen. Zum Servieren in Scheiben schneiden.

Maronenpüree: Maronen mit Milch 5 bis 10 Minuten köcheln lassen, Balsamico und Sherry dazugeben, mit dem Mixstab pürieren. Die Sahne schlagen und kurz vor dem Servieren unterheben. Mit Salz abschmecken. Eventuell den Topf auf niedrigster Heizstufe warm halten, bis serviert werden kann.

Zubereitungszeit: 2 Stunden, 10 Minuten, davon 60 Minuten Arbeit (zuzüglich einige Stunden zum Marinieren)

Nährwert für eine Portion: 350 Kilokalorien, 30 g Eiweiß, 15 g Fett, 20 g Kohlenhydrate, 3,5 g Ballaststoffe

SCHWEINERÜCKEN SANFT GESCHMORT

Heiße Temperaturen sind auch für das beste und teuerste Fleisch ein Schock, es verliert leicht Saft und kann trocken werden. Wir machen es anders: Bei nur 80 Grad im Backofen kommen Sie mit preiswertem Schweinerücken garantiert zu einem saftigen Braten. Das Fleisch schmurgelt sanft mehrere Stunden vor sich hin, der Saft bleibt im Inneren. Sie können so lang spazieren gehen. Das Selleriepüree mit Orangennote lässt sich vorher zubereiten.

ZUTATEN für 6 Portionen

2 EL Rapsöl
4 Knoblauchzehen
1 EL gehackter Rosmarin
1 EL Thymian
2 EL körniger Senf
1 EL Honig
Salz, Pfeffer
1 kg Schweinerücken (ohne Fett und Sehnen)
1 EL Rapsöl

Selleriepüree

1 kg Sellerie
1 kg Kartoffeln
25 g Butter
125 ml Orangensaft
Salz
1 Bund Petersilie

ZUBEREITUNG

1 Den Ofen auf 80 °C vorheizen. Aus Öl, gehacktem Knoblauch, gehackten Kräutern, Senf, Honig, Salz und Pfeffer mit etwas Flüssigkeit eine Marinade mischen.

2 Den Schweinerücken von Fett und Sehnen befreien, mit der Marinade einreiben. Fleisch in Öl von jeder Seite 2 Minuten hellbraun anbraten.

3 Bräter ohne Deckel in den Ofen schieben. 3 bis 4 Stunden garen lassen, ohne die Tür zu öffnen. Das Fleisch ist gut, wenn es im Kern knapp 65 °C hat (Fleischthermometer) oder beim Einstechen klarer Saft austritt. Für eine bessere Kruste eventuell kurz übergrillen.

Selleriepüree: Sellerie und Kartoffeln schälen, in kleine Stücke schneiden, mit der Butter andünsten, etwa 20 Minuten mit wenig Wasser bei geschlossenem Deckel und niedriger Hitze garen. Mit Orangensaft pürieren, salzen, gehackte Petersilie unterziehen. Das Püree schmeckt auch kalt.

Zubereitungszeit: 4 Stunden, davon 45 Minuten Arbeit

TIPPS

1 Unverzichtbar für alle Niedrigtemperaturbraten ist ein Fleischthermometer. Bei Schweinefleisch sollte die Kerntemperatur 65 °C nicht übersteigen. Für rosig gebratenes Rind, Kalb oder Lamm reichen 55 °C bis 60 °C. Geflügel sollte auf 65 °C bis 70 °C kommen, sonst werden eventuelle Keime nicht abgetötet.

2 Im Herd sollten 80 °C herrschen, nicht weniger, aber auch nicht viel mehr. Die Einstellungen der Herde sind aber unzuverlässig. Ein Backofenthermometer zeigt, ob Sie die Hitze höher oder niedriger einstellen müssen.

Nährwert für eine Portion: 410 Kilokalorien, 45 g Eiweiß, 7 g Fett, 40 g Kohlenhydrate, 6 g Ballaststoffe

DREIERLEI **TAFELSPITZ**

Die Wiener Küche hat das spitz zulaufende Stück aus der Rinderhüfte berühmt gemacht. Traditionell wird das Fleisch in Suppe knapp und zart gegart. Ideal für Buffets ist die kalte marinierte Variante in dünnen Scheiben. Aber auch aus dem Backofen kommt das Fleisch butterweich und leicht knusprig, wenn es dort einige Stunden bei 80 Grad verbracht hat.

ZUTATEN für 4 Portionen

750 g Tafelspitz vom Rind (besser vom Kalb)

Mit Kräuterkruste
1 Bio-Zitrone
je 2 Zweige Rosmarin, Thymian, Oregano (je 1 TL getrocknete Kräuter)
2–3 Knoblauchzehen
6 EL Rapsöl
Salz, Pfeffer

Traditionell
1 Bund Suppengrün
2–3 Lorbeerblätter
Salz, Pfeffer

Mariniert
2–3 Bund Kräuter
100 ml Rapsöl
100 ml Weißwein, ersatzweise Brühe
2–4 EL Weißweinessig
3 TL Kapern
Salz, Pfeffer
1 TL Senf
Zucker
½ Bio-Zitrone

ZUBEREITUNG

Mit Kräuterkruste: Backofen auf 80 °C vorheizen. Zitrone waschen, abreiben, eine Hälfte auspressen. Kräuter und geschälten Knoblauch klein schneiden, mit 4 EL Öl mischen. Zitronenschale und -saft dazugeben. Fleisch mit Salz einreiben, Pfeffer rundherum festklopfen. Mit 2 EL Öl von allen Seiten etwa 5 Minuten scharf anbraten. In einem feuerfesten Gefäß in den Backofen setzen, das Kräuteröl darübergeben, etwa 3,5 Stunden backen. Dabei unbedingt ein Fleischthermometer benutzen.

Traditionell: Etwa 2 l Wasser mit zerkleinertem Gemüse, Lorbeerblättern, Salz und Pfeffer aufkochen, Fleisch hineingeben, Hitze zurückschalten. Die Brühe soll nicht mehr kochen, das Fleisch bei unter 100 °C etwa 2 Stunden gar ziehen. Fleisch herausnehmen, Fettauflage entfernen, Fleisch in dünne Scheiben schneiden, warm mit Kartoffeln, Gemüse und Meerrettich servieren.

Mariniert (Foto): Tafelspitz traditionell zubereiten. Erkaltetes Fleisch dünn aufschneiden. Eine Vinaigrette aus gehackten Kräutern, Öl, Weißwein, Essig, Kapern, Salz, Pfeffer, Senf, einer Prise Zucker und dem Saft einer halben Zitrone rühren. Über das Fleisch geben, mindestens 2 Stunden durchziehen lassen, besser über Nacht. Mit Marinade servieren.

Zubereitungszeit: 3 bis 4 Stunden, davon 30 bis 40 Minuten Arbeit

TIPPS

1 *Ob aus der Röhre oder in Suppe gegart: Zu beidem schmeckt ein Pflaumen-Chutney (Seite 192) oder Rosmarinapfel (Seite 96). Traditionell gibt es zum Tafelspitz frisch geriebenen Meerrettich.*

2 *Schauen Sie beim Niedrigtemperaturgaren immer mal wieder aufs Fleischthermometer. Das Fleisch ist gut, wenn es knapp 60 °C anzeigt. Der Braten schmeckt am besten frisch aus der Röhre. Eventuell bei 50 °C warm halten.*

Nährwert für eine Portion: etwa 350 Kilokalorien (je nach Zubereitungsart und Fleischmenge)

LAMMRAGOUT ORIENTALISCH

Die orientalische Küche besticht durch Gewürzvielfalt und durch die Kunst, sehr gegensätzliche Geschmacksrichtungen harmonisch zu verbinden. Süße Trockenfrüchte werden mit sauren und herben Noten kombiniert: die kommen von Berberitzen, Zitronensaft und Zitronenschale. Sehr intensive, auch bittere Aromen wie die von Nelken, Muskat, Zimt oder Kreuzkümmel werden ausgeglichen durch eher liebliche, zum Beispiel von Orangensaft und -blüten. Und dabei darf es immer auch scharf sein: Chili gehört zur orientalischen Küche einfach dazu.

ZUTATEN für 4 Portionen

600 g Lammlachs
Salz, Pfeffer
1 mittlere Zwiebel
2 Knoblauchzehen
2–3 EL Rapsöl
1 TL Zimt
½ TL Kreuzkümmel, gemahlen
½ TL Nelken, gemahlen
½ TL Muskat, gemahlen
½ TL Chiliflocken
½ TL Kardamom
200 g getrocknete Sauerkirschen (ersatzweise Cranberries oder Sultaninen)
200 ml Orangensaft
150 g Joghurt
eventuell etwas Honig

ZUBEREITUNG

1 Die Lammlachse abspülen, gut abtrocknen, salzen und pfeffern. Zwiebeln und Knoblauchzehen schälen, dann sehr fein hacken. In einer schweren Pfanne das Öl sehr heiß werden lassen und die Lammlachse darin im Ganzen von allen vier Seiten jeweils 1 bis 2 Minuten anbraten. Aus der Pfanne nehmen, beiseitestellen.

2 Zwiebel und Knoblauchwürfel in die Pfanne geben und bei mittlerer Hitze glasig dünsten. Die Gewürze dazugeben, kurz mit anschwitzen lassen. Dann die Sauerkirschen und den Orangensaft dazugeben, aufkochen und bei sanfter Hitze etwa 10 Minuten reduzieren lassen.

3 Die in Scheiben geschnittenen, noch blutigen Lammlachse wieder in die Pfanne geben und zugedeckt 2 bis 5 Minuten bei sehr niedriger Hitze garen, bis sie nur noch leicht rosig sind. Dann mit dem Joghurt und noch einmal mit Salz, Pfeffer und eventuell etwas Honig abschmecken. Dazu schmeckt zum Beispiel Couscous mit Cranberries (Seite 159).

Zubereitungszeit: 40 Minuten

TIPPS

1 *Lammlachs ist das vom Knochen ausgelöste sehr zarte Fleisch des Lammrückens. Es ist fast fett- und völlig sehnenfrei. Da es schnell austrocknet, sollten Sie es immer im Ganzen braten.*

2 *Wenn Sie gerne orientalisch kochen, können Sie sich eine typische Gewürzmischung anschaffen, zum Beispiel Ras el Hanout. In dieser Mixtur von bis zu 25 Gewürzen sind all die im Rezept genannten enthalten.*

Nährwert für eine Portion: 400 Kilokalorien, 34 g Eiweiß, 12 g Fett, 37 g Kohlenhydrate, 3 g Ballaststoffe

GEMÜSE

GEMÜSE AL FORNO

Dieses bunt gemischte Gemüse aus dem Ofen leuchtet so farbig wie der Herbst. Es ist ganz schnell gemacht, äußerst aromatisch und eignet sich als Beilage ebenso gut wie als Hauptgericht. Ganz nebenbei steckt es auch noch voller gesunder Pflanzenstoffe für die Abwehrkräfte.

ZUTATEN für 4 Portionen

- 500 g festkochende Kartoffeln
- 1 EL Rapsöl
- 4 Knoblauchzehen
- 1 TL frischer Oregano (oder ½ TL getrockneter)
- Pfeffer, Salz
- 2 Zweige Rosmarin (oder ½ TL getrockneter)
- 250 g rote Paprika
- 250 g Zucchini
- 300 g Fenchel
- 500 g Fleischtomaten (ersatzweise Dosentomaten)
- Salz
- 4–5 EL Rapsöl
- einige Spritzer dunkler Balsamessig

ZUBEREITUNG

1 Kartoffeln schälen, in Scheiben schneiden, eine flache gefettete Auflaufform damit auslegen. In Scheiben geschnittene Knoblauchzehen, Oregano und frisch gemahlenen Pfeffer darüberstreuen, salzen, Rosmarinzweige darauflegen.

2 Die Paprika in Stücke, die Zucchini ungeschält in Scheiben, den Fenchel in dünne Scheiben schneiden. Alles miteinander mischen, salzen und auf die Kartoffeln geben.

3 Tomaten in Scheiben schneiden, das Gemüse damit abdecken, salzen und mit Öl beträufeln. 50 Minuten im vorgeheizten Backofen bei 180 °C backen. Je nach Geschmack mit dunklem Balsamessig parfümieren.

Zubereitungszeit: 70 Minuten, davon 20 Minuten Arbeit

TIPPS

1 Statt der frischen Tomaten tun's auch ganze Tomaten aus der Konserve (große Dose): Flüssigkeit abgießen, Früchte halbieren, das Innere entfernen. Statt mit Kartoffeln können Sie die Form auch mit angerösteten Auberginenscheiben auslegen.

2 Wenn Paprikas, vollgetankt mit Sonne, von grün zu rot gereift sind, stecken sie prallvoll mit Vitamin C. Eine Schote enthält etwa dreimal so viel wie eine kleine Orange. Der Clou: Sekundäre Pflanzenstoffe in der Paprika wie Flavonoide erhöhen die Wirkung von Vitamin C etwa um das Zwanzigfache. Angst vor Pestiziden brauchen Sie nicht zu haben, auch wenn wir sie in unseren Tests immer noch regelmäßig finden. Meist aber nur in Spuren, und die sind weniger schädlich, als Paprika Ihrer Gesundheit nützt.

Nährwert für eine Portion: 255 Kilokalorien, 7 g Eiweiß, 10 g Fett, 23 g Kohlenhydrate, 10 g Ballaststoffe

KNOBLAUCH PUR GEBACKEN MIT ZIEGENKÄSE

In diesem Rezept ist der Knoblauch allgegenwärtig. Er steckt in der Käsehülle und im Salatdressing, er bestimmt das Aroma der Bärlauchblätter, und die Knoblauchknollen selbst werden gleich im Ganzen serviert. Das ist sicher nicht jedermanns Sache, Knoblauch hat sehr entschiedene, naserümpfende Gegner. Überlegen Sie also gut, wem Sie dieses Gericht vorsetzen. Wir aber sind bekennende Knoblauchfans, denn die so nachhaltig duftende Zwiebel ist bekanntermaßen sehr gesund. Die butterweichen, sehr mild schmeckenden Zehen lassen sich beim Essen übrigens ganz leicht aus den Häutchen lösen.

ZUTATEN für 4 Portionen

4 große, frische Knoblauchknollen
1 EL Olivenöl
300 g Ziegenkäse als Rolle
2 EL Mehl
1 Ei
Salz, Pfeffer
1 TL Thymianblättchen
2 Knoblauchzehen
2 EL Olivenöl
½ Bund Bärlauch (ersatzweise Rucola)
1 kleiner Eichblattsalat
3 EL Olivenöl
1 EL heller Balsamessig
Salz, Pfeffer
2 Knoblauchzehen
½ TL Honig
1 Zweig Thymian

ZUBEREITUNG

1 Backofen auf 200 °C vorheizen. Knoblauchknollen putzen: Harte Wurzeln und lose äußere Schalen entfernen, die Spitzen der Knollen kappen. Jede Knolle mit Öl bestreichen und in eine flache ausgefettete Keramikform setzen. Im Ofen in etwa 15 Minuten weich backen.

2 Währenddessen die Käserolle in knapp 1 cm dicke Scheiben schneiden. Die Scheiben in Mehl wenden, dabei das Mehl fest andrücken. Das Ei mit Salz, Pfeffer, Thymian und durchgepresstem Knoblauch verquirlen, die Käsescheiben durch diese Mischung ziehen, dann nochmals im Mehl wenden. Olivenöl in einer Pfanne erhitzen, die Käsescheiben darin bei sanfter Hitze knusprig braten.

3 Bärlauch und Salat putzen, Blätter kleiner schneiden, mit der Vinaigrette aus Olivenöl, Balsamessig, Salz, Pfeffer, durchgepressten Knoblauchzehen und etwas Honig vermengen.

4 Zum Servieren die warmen Knoblauchknollen und die gebackenen Käsescheiben auf dem Salatbett anrichten, mit dem Thymianzweig garnieren.

Zubereitungszeit: 30 Minuten

TIPP

Das Garen in der Schale mildert nicht nur die Schärfe des Aromas, sondern auch – behaupten Kenner – die anschließende „Fahne".

Nährwert für eine Portion: 490 Kilokalorien, 23 g Eiweiß, 33 g Fett, 21 g Kohlenhydrate, 3 g Ballaststoffe

PORREE PIKANT MIT KNUSPERNUSS

Wer Lauch nur als Teil von Suppengrün sieht, verkennt das grün-weiße Gemüse. Immerhin ist es eine historische Größe. Schon Kaiser Nero schätzte es wegen seiner gesunden Senföle als Allium porrum, was ihm den Beinamen porrophagus einbrachte, Porreefresser. Lauch ist äußerst vielseitig und gut für eine Quiche, in Suppen oder kombiniert mit anderem Gemüse. Und es ist praktisch, denn es ist das ganze Jahr über zu haben, zudem preiswert und fix zubereitet. Wir servieren es süß-scharf – Fast Food im wahrsten Sinne des Wortes, das selbst mit den karamellisierten Nüssen noch relativ wenig Kalorien mit sich bringt und warm wie kalt gut schmeckt.

ZUTATEN für 4 Portionen

1,2 kg Porree/Lauch
1 EL Rapsöl
4 EL süße Chilisauce (Asia-Laden)
100 g Walnüsse
1 EL Rapsöl
1 EL Sojasauce
1 EL Zucker

ZUBEREITUNG

1 Lauchstangen gründlich waschen, harte grüne Blattteile abschneiden, eventuell äußere Blattschichten abziehen, Wurzeln abschneiden.

2 Die Stangen schräg in 2 bis 3 cm große Stücke schneiden. Die Porreestücke mit 1 EL Öl sanft anbraten, 50 bis 100 ml Wasser zugeben und bei geschlossenem Deckel etwa 4 Minuten garen. Das Porreegemüse abgießen, gut abtropfen lassen und in einer Schüssel mit der Chilisauce vermischen.

3 Walnusskerne in grobe Stücke zerkleinern. Erst je 1 EL Öl und Sojasauce in die Pfanne geben, dann Zucker, dann die Nussstückchen. Ständig rühren und dabei karamellisieren, bis die Nüsse dunkel, aber nicht angebrannt sind. Über das Gemüse geben.

Zubereitungszeit: 30 Minuten

TIPPS

1 *Ohne Nüsse wird die Portion um gut 150 Kilokalorien schlanker.*

2 *Die süßliche und mäßig scharfe Chilisauce mit roten Schotenteilen gibt es nicht nur im Asia-Laden. Sie wird speziell für Hühnchenteile angeboten, schmeckt aber zu vielem anderen.*

3 *Sehr sandigen Lauch der Länge nach aufschlitzen und gründlich waschen.*

4 *Ein Klassiker ist die Lauch-Kartoffelsuppe, die Vichyssoise, die im Hochsommer auch eiskalt schmeckt. Dazu 4 Stangen Lauch klein geschnitten mit 1 mittleren gehackten Zwiebel in 1 EL Butter andünsten, mit 300 g geschnittenen Kartoffeln in 1 l Brühe garen. Alles pürieren, 100 ml Sahne oder 100 g Frischkäse dazugeben, salzen, pfeffern.*

Nährwert für eine Portion: 312 Kilokalorien, 10 g Eiweiß, 22 g Fett, 17 g Kohlenhydrate, 8 g Ballaststoffe

WIRSINGGRATIN MIT ZIMT UND THYMIAN

Kohl und Hack sind ein bewährtes Duo. Viele schätzen es als konventionelle Roulade, manch einer erinnert sich sogar an Kohlpudding. Wir ziehen dem traditionellen Weißkohl den feineren Wirsing vor und schicken das Team, im Ofen gratiniert und mit neuer Würze, ins Rennen. Dies ist Hausmannskost im besten Sinn, leicht vorzubereiten, sättigend und doch nicht kalorienreich.

ZUTATEN für 4 Portionen

1 großer Kopf Wirsing (gut 1 kg)
500 g Rinderhack
4 Knoblauchzehen
1 Ei
2 EL Semmelbrösel
1 TL getrockneter Thymian
1 TL Zimtpulver
1 EL Öl zum Auspinseln
1 Zitrone
125 ml Brühe
Salz, Pfeffer
100 g Crème fraîche

ZUBEREITUNG

1 Backofen auf 180 °C vorheizen. Vom Kohl die äußeren dunklen Blätter entfernen, entsorgen. Den Kohl vierteln, Strunk herausschneiden. Die innersten hellen Blätter – etwa 250 g – 3 Minuten in Salzwasser kochen, in kaltem Wasser abschrecken, sehr klein hacken. Bei den mittleren Blättern dicke Rippen flach schneiden, ebenfalls 3 Minuten kochen, abschrecken.

2 Hackfleisch mit gehacktem Knoblauch, Ei, Semmelbröseln und ein wenig Wasser zu einem glatten Teig kneten, mit je 1 gehäuften TL Thymian und Zimt gut vermengen. Klein gehackte Wirsingblätter daruntermischen, salzen.

3 Eine Auflaufform ausfetten. Abwechselnd Wirsing und Fleisch einschichten, dabei die Blätter jedes Mal mit Salz und Pfeffer würzen. Die oberste Schicht sollte Gemüse sein. Die gut gewürzte Brühe angießen, den ausgepressten Saft einer Zitrone darübergeben.

4 Bei geschlossenem Deckel 70 Minuten im Ofen backen. Auflauf herausnehmen, Hitze auf 200 °C hochschalten. Crème fraîche glatt rühren, über den Auflauf geben. Den Auflauf ohne Deckel noch mal für 5 bis 10 Minuten in den Ofen stellen, bis er leicht bräunt.

Zubereitungszeit: 2 Stunden, davon 45 Minuten Arbeit

TIPPS

1 *Zum Schluss schmurgelt der Auflauf in einer intensiven Brühe, zu der gut Salzkartoffeln oder Kartoffelpüree (Seite 164) passen. Für ein vollständiges Gericht die Auflaufform gleich zu Beginn mit rund 800 g geschälten, rohen Kartoffeln in Scheiben auslegen.*

2 *Wirsing ist ein variables Gemüse. Es schmeckt auch mit Tomaten als Partner oder mit Curry gewürzt und passt knapp gegart zu Fisch oder Fleisch.*

Nährwert für eine Portion: 420 Kilokalorien, 37 g Eiweiß, 28 g Fett, 11 g Kohlenhydrate, 6 g Ballaststoffe

MANGOLDLASAGNE

Und immer wieder Lasagne – so praktisch, saftig und variabel. Kinder lieben sie, Erwachsene ebenfalls. Wir geben dem italienischen Klassiker einen kräftig grünen Akzent. Mangold erinnert an Spinat, ist aber herber und würziger. Typischerweise dabei: eine weiße Bechamelsauce, hier mit Orangensaft verfeinert. Mit Mehlbutter ist sie ganz einfach klümpchenfrei anzurühren.

ZUTATEN für 4 Portionen

70 g Butter
70 g Mehl
1 Mangoldstaude (etwa 800 g)
30 g Pinienkerne
100 g Zwiebeln
2–3 EL Öl
Salz, Pfeffer
500 ml Milch
500 ml Wasser
100 ml Orangensaft
200 g geriebener Käse
(wie Appenzeller, Fortina)
250 g Lasagneblätter

ZUBEREITUNG

1 Wachsweiche Butter mit Mehl mindestens eine Stunde vorher verkneten, kühl stellen.

2 Ofen auf 180 °C vorheizen. Wurzelansatz vom Mangold abschneiden, waschen. Fleischige Blattstiele abtrennen, in kleine Würfel schneiden, Blattgrün grob zerteilen. Die Pinienkerne ohne Fett anrösten, beiseitestellen.

3 Gehackte Zwiebeln in Öl andünsten, gewürfelte Mangoldstiele, dann das Blattgrün dazugeben, etwa 2 Minuten sanft garen. Pinienkerne unterheben, salzen, pfeffern.

4 Bechamelsauce: Milch und Wasser aufkochen, Mehlbutter in kleinen Portionen unter Rühren zugeben. Mit Orangensaft erneut aufkochen, etwa Dreiviertel des Käses (150 g) unterheben, salzen, pfeffern.

5 In eine gefettete Auflaufform eine dünne Schicht Sauce geben, dann abwechselnd Lasagneblätter, Mangold und Sauce einschichten. Den restlichen Käse auf der obersten Saucenschicht verteilen, etwa 40 Minuten im vorgeheizten Ofen backen.

Zubereitungszeit: 80 Minuten, davon 40 Minuten Arbeit

TIPPS

1 Ohne Käse wird die Lasagne pro Person um 200 Kilokalorien schlanker.

2 Sie sollten Mangoldblätter nicht roh verzehren. Sie enthalten sehr viel Oxalsäure, die beim Kochen aber reduziert wird. Stielmangold hat deutlich stärkere Mittelrippen als Blattmangold und muss länger garen.

3 Mehlbutter lässt sich gut im Kühlschrank aufheben. Wenn sie in kleinen Portionen in heiße Flüssigkeit kommt, schmilzt das Fett, die Mehlteilchen gehen nach und nach in die Flüssigkeit über und binden sie.

Nährwert für eine Portion: 780 Kilokalorien, 30 g Eiweiß, 44 g Fett, 68 g Kohlenhydrate, 8 g Ballaststoffe

SAUERKRAUT GLOBAL

„Krauts" werden die Deutschen im englischen Sprachraum gern genannt. Diese nicht unbedingt besonders respektvoll gemeinte Bezeichnung verdanken wir unserer vermeintlichen Vorliebe für deftig-sättigendes Sauerkraut. Dabei wurde milchsauer vergorener Weißkohl schon im alten China und im antiken Rom eingestampft. Und überhaupt, auch wir können anders: Sauerkraut – kombiniert mit Zutaten und Gewürzen aus fremden Küchen – zeigt sich weltoffen. Für den Geschmack ist es allerdings wichtig, dass das Kraut vor dem Kochen sehr gründlich durchgespült und ausgedrückt wird.

ZUTATEN für 4 Portionen

500 g Sauerkraut
100 g Zwiebel
3 EL Raps- oder Olivenöl

Sauerkraut mediterran:
50 g eingelegte, getrocknete Tomaten
50 g schwarze, kernlose Oliven
1 EL Kräuter der Provençe
250 ml Weißwein
(oder Apfelsaft)
Salz, Zucker

Sauerkraut orientalisch:
1 TL gemahlener Koriander
1 EL geriebene Orangenschale
2 EL Rosinen
250 ml Orangensaft
1 Mango
1 EL Honig
Salz, etwas Chilipulver

ZUBEREITUNG

Das Sauerkraut in einem Sieb unter fließendem Wasser gründlich ausspülen, dann gut ausdrücken. Auf einem Brett feiner schneiden. Die Zwiebeln fein hacken, in Öl in einem breiten, flachen Topf glasig dünsten. Sauerkraut dazugeben und etwa 5 Minuten mitdünsten.

Sauerkraut mediterran: Tomaten in feine Streifen schneiden, Oliven halbieren und zum Kraut geben, ebenso die Kräuter. Wein oder Apfelsaft dazugeben, etwa 15 Minuten garen. Zum Schluss mit Salz und Zucker abschmecken.

Sauerkraut orientalisch: Koriander, Orangenschale und Rosinen zum Kraut geben. In Orangensaft 15 Minuten dünsten. Mango schälen, das Fruchtfleisch in Würfel schneiden, zum Schluss unter das Kraut heben. Mit Honig, Salz und Chilipulver abschmecken.

Zubereitungszeit: 30 Minuten

TIPP

Die orientalische Variante schmeckt auch Kindern gut. Geben Sie noch eine halbe in Scheiben geschnittene Banane und einige zerkleinerte Walnüsse hinzu und lassen Sie das Chilipulver weg.

Nährwert für eine Portion: 157 Kilokalorien, 3 g Eiweiß, 13 g Fett, 5 g Kohlenhydrate, 4 g Ballaststoffe

ROTKOHL MIT GLASIERTEN BIRNEN

Mit durchgekochten Kohlgerichten hat dieses Rezept nichts zu tun. Sanft gegart, zeigt das intensiv blaurote Gemüse noch Biss und kontrastiert auch farblich mit den glasierten Birnen. Exotische Würze verträgt sich zu jeder Jahreszeit glänzend mit dem simplen Kohl. Gesund ist er auch noch: Pro 100 Gramm enthält er mehr Vitamin C als ein Glas Orangensaft.

ZUTATEN für 4 bis 6 Portionen

1 kg Rotkohl
6 EL Essig
1 TL Lebkuchengewürz
½ TL Zimt
1 große Zwiebel (oder 4 kleine)
2 EL Rapsöl
2 EL brauner Zucker
1 TL Salz
3 Sternanis
2–3 Birnen
1 EL Butter
1 EL Weißweinessig
1 EL Honig
100 ml Rotwein
2–3 EL Johannisbeergelee

ZUBEREITUNG

1 Äußere Blätter vom Kohl entfernen. Kohl vierteln, Strunk entfernen und in schmale Streifen schneiden oder hobeln. Essig und Gewürze mischen, darunterrühren, 2 Stunden – besser noch über Nacht – durchziehen lassen.

2 Geschnittene Zwiebel in Öl glasig dünsten, mit Zucker – am besten braunem – bestreuen, karamellisieren. Kohl dazugeben, dann 400 ml Wasser, Salz und Sternanis. Im geschlossenen Topf auf dem Herd oder bei 175 °C im Backofen rund 45 Minuten garen.

3 Birnen schälen, je nach Größe vierteln oder achteln. Butter, Essig und Honig in einer Pfanne erwärmen, Birnen darin 2 bis 3 Minuten immer wieder wenden und garen, bis sie leicht glänzen.

4 Kohl mit Rotwein und Johannisbeergelee abschmecken und noch einmal 5 Minuten aufkochen. Mit den Birnen servieren.

Zubereitungszeit: 3 Stunden, 30 Minuten, davon 50 Minuten Arbeit

TIPPS

1 Glühweingewürz im Beutel ist als Würze in Ordnung, ebenso Lorbeerblätter, Nelken, Piment. Wenn Sie nicht auf Gewürze beißen wollen: Es gibt Gewürzeier, ähnlich großen Tee-Eiern, die man samt Gewürzen zum Servieren herauszieht.

2 Experimentierfreudig? Lösen Sie ein Stück dunkle Schokolade in etwas Rotkohl auf. Weitere Vorschläge: 300 g Kirschen aus dem Glas oder Ananas dazugeben, mit Ingwer und Orangensaft abschmecken. Auch getrocknete Cranberries, Preiselbeeren aus dem Glas und Portwein harmonieren.

3 Für einen Salat den Kohl in sehr schmale Streifen schneiden, mit einem Dressing (Öl, Honig Essig, gestifteter Ingwer) mindestens 2 Stunden durchziehen lassen. Mit Orangenscheiben und Walnüssen servieren.

Nährwert für eine Portion (bei 6 Portionen): 255 Kilokalorien, 3 g Eiweiß, 10 g Fett, 45 g Kohlenhydrate, 5 g Ballaststoffe

SPITZKOHL AN ORANGENSAHNE

Es ist ganz einfach ungerecht: Kohl strotzt vor gesunden Inhaltsstoffen, ist dabei extrem kalorienarm und zudem unglaublich vielseitig. Viele unserer Rezepte beweisen das. Doch mit seinem Image hapert es, Kohlschwaden gelten in der feinen Küche als anrüchig. Das muss sich ändern. Deshalb hier ein Rezept mit Spitzkohl. Dieser Frühlings- und Sommerkohl ist gewissermaßen der Edelmann unter den vielen Kohlsorten. Er ist deutlich feiner und dezenter im Geschmack und zarter im Biss als sein winterlicher Bruder, der Weißkohl. Er braucht auch nur sehr kurze Garzeiten und ist besonders leicht verdaulich. Und weil er so zart und mild ist, kann man ihn auch als Salat zubereiten.

ZUTATEN für 4 Portionen

2 Bio-Orangen
1 kg Spitzkohl
2 EL Rapsöl
100 g Frischkäse
Salz, Pfeffer
100 ml Sahne
50 g Pinien- oder Pistazienkerne

ZUBEREITUNG

1 Eine Orange dick schälen (Saft dabei auffangen) und die einzelnen Orangenspalten filetieren, also deren Häutchen abziehen.

2 Spitzkohl gründlich waschen, die äußeren Blätter entfernen, vierteln. Rapsöl in eine Pfanne mit Deckel geben, die Viertel tropfnass hineinlegen, leicht salzen. Bei geschlossenem Deckel und geringer Hitze in etwa 15 Minuten bissfest garen.

3 Von der zweiten Orange die äußere Schale reiben, dann die Orange pressen und den gesamten Saft mit der geriebenen Schale (etwa 1 EL) und dem Frischkäse verrühren. Die Creme mit Salz und Pfeffer abschmecken und bei geringer Hitze erwärmen. Dabei umrühren. Die Sahne schlagen und vorsichtig unter die Orangencreme heben.

4 Die Kohlviertel am Ende der Garzeit auf einer vorgewärmten Platte anrichten, dann die Orangensahne, die Orangenfilets und die in einer Pfanne frisch angerösteten Pistazienkerne (sehr gut: Pistazienkerne) darübergeben.

Zubereitungszeit: 30 Minuten

TIPPS

1 Für die charakteristischen unangenehmen Duftschwaden gekochten Kohls sind die in ihm enthaltenen Schwefelverbindungen oder Senföle verantwortlich. Gerade diese sekundären Pflanzenstoffe tragen jedoch wesentlich zum Gesundheitswert des Kohls bei. Sie wirken antibakteriell und antikanzerogen. Das heißt, sie bekämpfen Infekte und sie hemmen das Entstehen von Tumorzellen.

2 Orangen zu filetieren ist bisweilen mühsam. Schneiden Sie notfalls die dick geschälte Frucht in Scheiben, die dann halbiert werden.

Nährwert für eine Portion: 380 Kilokalorien, 14 g Eiweiß, 28 g Fett, 15 g Kohlenhydrate, 8 g Ballaststoffe

WEISSKOHL AUS DEM WOK

Kohl steht für Tradition, auch in Asien. Er ist kulinarisch ideal für unterschiedlichste Würze, egal ob scharf, süß oder sauer. Neben der aromatisch-scharfen Wokvariante, die schon etwas Zeit braucht, haben wir aber auch noch zwei einfachere Versionen. Einmal knackig gegart, mit Curry und Äpfeln, und dann ganz traditionell als Ostpreußischer Schmorkohl.

ZUTATEN für 4 Portionen

1 Lauchstange
500 g Weißkohl
250 g Möhren
30 g Ingwerwurzel (4–6 cm)
2 Knoblauchzehen
1 EL Rapsöl
½ TL Chiliflocken
1 EL Rapsöl
2 EL Zucker
2 EL Essig
1 EL dunkles Sesamöl
50 g Cashewkerne oder Erdnüsse

TIPPS

1 *Knackig garen klappt am besten in einem Wok. Eine Pfanne mit hohem Rand oder ein Schmortopf sind aber auch möglich.*

2 *Experimentieren Sie mit Zutaten und Gewürzen. Zum asiatisch-scharfen Kohl passen auch Fisch- und Soja- sowie süßsaure Chilisauce. Garam Masala gibt einen indisch-scharfen Touch, Rosinen geben einen süßlichen. Gut schmecken auch karamellisierte Cashewkerne: 50 g mit je 1 EL Öl und Zucker sowie je 1 TL Essig und Salz in der Pfanne schwenken.*

ZUBEREITUNG

1 Dunkelgrüne Teile vom Lauch abschneiden, den Rest der Länge nach aufschlitzen und gut waschen. Alles Gemüse in schmale Streifen schneiden, etwas hellgrünen Lauch beiseitelegen. Ingwer und Knoblauch schälen und hacken.

2 Lauch mit Ingwer im Wok in 1 EL Öl anbraten. Erst gehackten Knoblauch, dann Weißkohl dazugeben, ebenfalls leicht anbraten. Mit 2 bis 3 EL Wasser und ½ TL Chiliflocken unter Rühren knackig garen, in eine Schüssel umfüllen.

3 Möhren im Wok mit 1 EL Rapsöl, je 2 EL Zucker und Essig anbraten, etwas Wasser hinzufügen. Gemüsemischung aus Schritt 2 wieder dazugeben, mit 1 EL Sesamöl würzen, salzen. Vor dem Servieren mit Cashewkernen oder Erdnüssen und grünem Lauch bestreuen.

Zubereitungszeit: 60 Minuten, davon 50 Minuten Arbeit

Currykohl: 1 geschnittene Zwiebel in 2 EL Öl erhitzen, 2 TL Curry etwa 1 Minute mitschmoren, 500 g Weißkohl in Streifen und 250 ml Apfelsaft oder Cidre dazugeben und 10 Minuten dünsten. 1 bis 2 Äpfel in Spalten schneiden, in einer Pfanne anbraten, danach zum Kohl in den Wok geben, und noch 5 Minuten mitdünsten.

Ostpreußischer Schmorkohl: 1 Zwiebel in 2 EL Öl mit je 2 EL Essig und Zucker karamellisieren, 500 g geschnittenen Weißkohl portionsweise dazugeben und schmoren, bis er hellbraun wird. Etwas Wasser oder Brühe hinzufügen, eventuell noch Majoran oder Kümmel, salzen, mindestens 40 Minuten garen.

Nährwert für eine Portion: 200 Kilokalorien, 6 g Eiweiß, 14 g Fett, 12 g Kohlenhydrate, 8 g Ballaststoffe

HOKKAIDO GEBACKEN

Erntezeit für Kürbis ist der Herbst. Da sich die hartschaligen Köpfe aber bei kühlen Temperaturen monatelang halten, findet man sie fast das ganze Jahr über im Handel. Das kulinarische Plus beim Hokkaido-Kürbis: Seine leuchtend orangefarbene Schale wird beim Garen ganz weich und kann mitgegessen werden. Das Fruchtfleisch schmeckt eher neutral, es darf, besser: es muss gut gewürzt werden. Der gesundheitliche Mehrwert: Hokkaido-Kürbisse enthalten sehr viel Karotin, das zu Vitamin A umgewandelt wird, und sehr viel Kalium. Vor allem aber: In einer Auflaufform dekorativ arrangiert, ist dieser Kürbis aus dem Ofen eine Augenweide. Aber achten Sie darauf, dass die Kürbisspalten nicht dicker werden als unten angegeben.

ZUTATEN für 4 Portionen

1 Hokkaido-Kürbis (etwa 1 kg)
100 g Zwiebeln
4–6 Knoblauchzehen
3 EL Rapsöl
200 ml Orangensaft
2 EL Zitronensaft
1 TL geriebene Zitronenschale
1 TL Thymian
1 TL Salz
Pfeffer, frisch gemahlen
2 EL Kürbiskerne

TIPPS

1 Mit etwas Balsamessig überträufelt, schmecken die Kürbisspalten besonders pikant und können auch kalt serviert werden.

2 Wie bei der Kürbissuppe (Seite 48) können Sie auch beim Ofenkürbis mit Gewürzen experimentieren. Für die asiatisch inspirierte Küche beispielsweise mit frischem, gehacktem Ingwer, mit Curry, gemahlenem Kardamom, etwas Rohrzucker und Kokosraspeln oder sogar Wasabi.

ZUBEREITUNG

1 Den Hokkaido-Kürbis sehr gründlich waschen und trocken reiben. Mit einem großen, scharfen Messer vierteln, das faserige Kerngehäuse entfernen (Kerne aufheben), dann in möglichst schmale, maximal 1,5 cm breite Spalten schneiden, in eine Schüssel geben.

2 Zwiebeln und Knoblauchzehen sehr fein hacken, mit dem Öl, dem Orangen- und Zitronensaft, Zitronenschale, Thymian, Salz und Pfeffer mischen, über die Kürbisspalten geben und diese darin wenden, sodass die Spalten von allen Seiten von der Marinade umhüllt sind. Eventuell einige Stunden ziehen lassen und zwischendurch wenden.

3 Kürbisspalten in eine flache, feuerfeste Form legen, mit der restlichen Marinade beträufeln und im vorgeheizten Ofen bei 200 °C (Umluft 180 °C) 30 bis 45 Minuten backen. Auch die Kürbisschale muss zum Schluss weich sein (mit einer Gabel hineinstechen).

4 Währenddessen die Kürbiskerne in einer Pfanne ohne Öl leicht anrösten. Nach dem Backen Spalten dekorativ auf einem Teller anrichten, zu stark gebräunte Spitzen kappen. Vor dem Servieren die Marinade aus der Form über die Spalten geben und mit den gerösteten Kürbiskernen bestreuen.

Zubereitungszeit: etwa 60 Minuten, davon 30 Minuten Arbeit

Nährwert für eine Portion: 160 Kilokalorien, 4 g Eiweiß, 9 g Fett, 15 g Kohlenhydrate, 4 g Ballaststoffe

RATATOUILLE

Spätestens, seit dieser mediterrane Gemüseeintopf einem Trickfilm rund um eine kochende Ratte seinen Namen gab, ist er weltweit bekannt. Ratatouille ist ein Klassiker der provençalischen Küche mit bestechenden Eigenschaften: Er ist gesund, leicht gemacht, kulinarisch flexibel und optisch ausgesprochen attraktiv. Die leuchtend bunte Mischung von in Olivenöl gedünsteten Zwiebeln, Tomaten, Auberginen, Paprika und Zucchini isst man im Süden Frankreichs als Vor- oder Hauptspeise ländlich zünftig einfach nur mit geröstetem Weißbrot – nach Gusto und Außentemperatur heiß oder lauwarm. Dazu können Sie dann noch Aioli, eine provençalische Knoblauchcreme, reichen.

ZUTATEN für 4 Portionen

250 g Auberginen
250 g Zucchini
250 g rote Paprika
250 g Zwiebeln
2–6 Knoblauchzehen
5–6 EL Olivenöl
1 EL brauner Zucker
Salz
800 g Tomaten, ersatzweise eine große Dose geschälte Tomaten
1 Zweig Thymian oder Rosmarin
etwas Balsamessig

ZUBEREITUNG

1 Auberginen, Zucchini und Paprika waschen. Auberginen und Zucchini in etwa 5 mm dicke Scheiben schneiden, Auberginenscheiben je nach Größe halbieren oder vierteln. Paprika erst vierteln und entkernen, dann in etwa 2 cm breite Streifen schneiden. Zwiebeln schälen und je nach Größe vierteln oder achteln.

2 In einem großen, schweren Topf die Zwiebeln und den zerdrückten Knoblauch im Olivenöl andünsten. Auberginen, Zucchini und Paprika, Zucker und Salz dazugeben und alles für etwa 10 Minuten bei offenem Topf und mittlerer Hitze leicht anbraten. Öfter umrühren.

3 Währenddessen die Tomaten mit kochendem Wasser übergießen und häuten. Dann mit den Kräutern zum anderen Gemüse in den Topf geben, einmal umrühren und alles im geschlossenen Topf bei sehr geringer Wärmezufuhr 30 bis 40 Minuten garen lassen, ohne umzurühren. Das Gemüse sollte noch Biss haben. Die Ratatouille zum Schluss nochmals mit Salz, Zucker und Balsamessig abschmecken.

Zubereitungszeit: 70 Minuten, davon 35 Minuten Arbeit

TIPPS

1 Die Mengen sind für eine Hauptmahlzeit für vier Personen gedacht, als Beilage zum Beispiel zu Lammfleisch oder zu überbackenem Schafskäse reichen sie für acht Portionen. Ebenso, wenn die Ratatouille lauwarm als Vorspeise serviert wird – zum Beispiel mit hauchdünn gehobeltem Gruyère.

2 Sehr lecker schmeckt auch die Ratatouille aus dem Ofen. Packen Sie alle genannten Zutaten in eine großflächige Auflaufform, geben Sie das Öl darüber und backen Sie das Ganze für etwa 50 Minuten bei 180 °C.

Nährwert für eine Portion: 91 Kilokalorien, 3 g Eiweiß, 8 g Fett, 4 g Kohlenhydrate, 14 g Ballaststoffe

RUCOLA-KRÄUTER-QUICHE

Vom Unkraut zum Trendgemüse! Früher wuchs die löwenzahnähnliche Runke oder Rauke in Gehwegritzen und zwischen Balkonblumen. Heute veredelt sie als Rucola so manchen Salat. Bei diesem Rezept landet das bitternussig-scharfe Kraut im Backofen. Mit Schnittlauch und Dill verleiht es der Quiche – ob kalt oder warm serviert – eine extra würzige Note.

ZUTATEN für 4 bis 6 Portionen

1 EL Rapsöl
250 g Blätterteig
75 g Rucola
1 Bund Dill
1 Bund Schnittlauch
1 Bund glatte Petersilie
300 g Saure Sahne
200 g Frischkäse (15 % i. Tr.)
3 Eier
1 EL Speisestärke (20 g)
Salz, Pfeffer, Muskat

ZUBEREITUNG

1 Ofen auf 175 °C (Ober- und Unterhitze) vorheizen. Eine Quiche- oder Tortenform ausfetten, mit dem Blätterteig auslegen, dabei einen kleinen Rand formen. Teigboden mehrmals mit der Gabel einstechen, im vorgeheizten Ofen auf dem untersten Rost 7 bis 8 Minuten backen.

2 Rucola und Kräuter waschen, trocken schütteln, harte Stielenden entfernen. Rucola bis auf einige Blätter grob, die Kräuter kleiner hacken oder schneiden.

3 Saure Sahne mit Frischkäse, Eiern und Stärke verrühren, mit Salz, Pfeffer und Muskat abschmecken, Rucola und Kräuter unterheben. Alles auf dem vorgebackenen Teig verteilen, 35 bis 40 Minuten backen, bis die Oberfläche leicht gebräunt ist. Mit den restlichen Rucolablättern und eventuell auch mit gehobeltem Parmesan dekoriert servieren.

Zubereitungszeit: 60 Minuten, davon 20 Minuten Arbeit

TIPPS

1 *Für ein ganzes Blech Quiche verdoppeln Sie die Mengen.*

2 *Rund 100 Kilokalorien pro Portion lassen sich durch Filo- oder Yufkateig (siehe Seite 138) anstelle von Blätterteig sparen.*

3 *Junge Rucolablätter schmecken frisch und leicht scharf, ältere eher bitter. Senföl und pflanzliche Bitterstoffe stärken die Abwehr, allerdings enthält Rucola meist Nitrat. Daraus können unter Umständen Nitrosamine entstehen, die als krebserzeugend gelten. Aber keine Sorge: In test-Untersuchungen waren die Belastungen mit Nitrat gesundheitlich nicht problematisch.*

Nährwert für eine Portion (bei 6 Portionen): 345 Kilokalorien, 9 g Eiweiß, 20 g Fett, 21 g Kohlenhydrate, 2 g Ballaststoffe

TRAUBENQUICHE MIT JOGHURT

Eine Quiche wird wie eine Tarte in einer eher flachen runden Form gebacken. Sie darf in dieser Form auch serviert und in Stücke geteilt werden. Dabei macht sich eine Keramik- oder Glasform natürlich besser als eine aus Blech. Wir präsentieren hier eine Multikulti-Variante mit türkischem Yufkateig und Feta, herzhaft belegt mit Zwiebeln und Käse und mit griechischem Joghurt übergossen. Den besonderen Kick geben die süßen blauen Trauben.

ZUTATEN für 4 Portionen

600 g Gemüsezwiebeln
4 EL Olivenöl
170 g Yufka- oder Filoteigblätter (ersatzweise auch Blätterteig)
150 g blaue Trauben ohne Kerne
4 Eier
100 g milder Feta
150 g griechischer Sahnejoghurt
1–2 TL Honig
Salz, Chiliflocken
frischer Thymian

ZUBEREITUNG

1 Backofen auf 180 °C vorheizen. Die Zwiebeln schälen, halbieren, in dünne Scheiben schneiden, in 2 EL Öl glasig dünsten.

2 Eine Tarte- oder Quicheform mit Öl ausfetten und mit den dünnen Teigblättern ein- bis zweimal auslegen, Teig am Rand überlappen lassen. Jede Lage mit Öl einpinseln. Gedünstete Zwiebeln und halbierte Trauben darauf verteilen.

3 Eier, Feta, Joghurt, Honig und Gewürze verquirlen, abschmecken, über die Zwiebeln und Trauben gießen. Überhängende Teiglappen am Rand darüberrollen, wieder mit Öl bepinseln. Die Quiche 25 bis 35 Minuten backen. Thymianblättchen oder ganze Thymianzweige auf der Quiche verteilen.

Zubereitungszeit: 60 Minuten, davon 30 Minuten Arbeit

TIPPS

1 *Yufka- oder Filoteig ist ein blättrig-luftiger Teig, sehr ähnlich dem Blätterteig. Doch dieser Teig wird, anders als der Blätterteig, fast ohne Fett hergestellt. Das macht ihn zunächst sehr kalorienarm, was aber wieder ausgeglichen wird, wenn Sie ihn bei der Verarbeitung mit Fett auspinseln. Wir haben es ausprobiert, ihn stattdessen nur mit Mineralwasser zu bestreichen, und erhielten auch so einen luftig lockeren, knusprigen Teig.*

2 *Yufkateig erhalten Sie in türkischen und griechischen Geschäften und in großen Supermärkten. Meist werden 1-Kilo-Packungen (mehrere sehr dünn ausgerollte Teigplatten) eingeschweißt verkauft. Zu Hause muss er gekühlt aufbewahrt und innerhalb einer Woche verbraucht oder eingefroren werden.*

3 *Variationen: Anstelle von Feta, Trauben und Honig schmeckt auch die Kombination von mildem Gorgonzola, Birnenspalten und Birnendicksaft sehr gut.*

Nährwert für eine Portion: 400 Kilokalorien, 20 g Eiweiß, 22 g Fett, 31 g Kohlenhydrate, 5 g Ballaststoffe

FENCHELGRATIN MIT PARMESANKRUSTE

Fenchel hat entschiedene Gegner und begeisterte Anhänger. Die einen fühlen sich unangenehm an Hustentee erinnert, die anderen schätzen den sanften Anisgeschmack: Kinder, die sonst eingeschworene Gemüsemuffel sind, mögen Fenchel meist, Südeuropäer lieben ihn. Probieren Sie es einfach mal aus, unsere Fenchel-Beilage ist ruck, zuck gemacht und lässt sich rasch auch zu einer Hauptmahlzeit ausbauen.

ZUTATEN für 4 Portionen

800 g Fenchelknollen
½ TL Salz
250 ml Weißwein (ersatzweise Apfelsaft)
50 g Parmesan
50 g Vollkorntoast (etwa 2 Scheiben), ungetoastet
½ TL italienische Kräuter, getrocknet
2–4 Knoblauchzehen
2 Eier
Salz, Pfeffer
2 EL Olivenöl

ZUBEREITUNG

1 Backofen auf 180 °C (Umluft: 160 °C) vorheizen. Währenddessen die Fenchelknollen waschen, braune Stellen und hartes Grün entfernen, Strunk etwas abschneiden. Fedriges Grün zum Dekorieren beiseitelegen. Die Knollen längs in knapp 1 cm dicke Scheiben schneiden.

2 Den Fenchel in 500 ml gesalzenem Wasser und dem Wein oder Apfelsaft 5 bis 6 Minuten garen. Währenddessen den Parmesan reiben, mit dem zwischen den Fingern zerbröselten Brot, den Kräutern, durchgepressten Knoblauchzehen und 2 Eiern vermischen. Mit Salz und frisch gemahlenem Pfeffer abschmecken.

3 Eine große, flache Auflaufform mit Olivenöl auspinseln, dann den in einem Sieb abgetropften Fenchel in der Form auslegen. Die Parmesan-Eier-Mischung darüber verteilen. Im vorgeheizten Ofen auf mittlerer Schiene 25 Minuten backen. Mit Fenchelgrün garnieren.

Zubereitungszeit: 45 Minuten, davon 20 Minuten Arbeit

TIPP

Wenn Sie ein Fenchelgratin als Hauptmahlzeit servieren wollen, schichten Sie zusätzlich zum Fenchel etwa 300 g gekochte Kartoffelscheiben in die Auflaufform und geben Sie 200 g Crème fraîche zur Parmesan-Mischung. Bei 200 °C (Umluft 180 °C) etwa 30 Minuten backen.

Nährwert für eine Portion: 145 Kilokalorien, 7 g Eiweiß, 8 g Fett, 11 g Kohlenhydrate, 5 g Ballaststoffe

PISSALADIÈRE

Eine Pissala ist eigentlich ein Fischpüree – daher der Name Pissaladière für diesen Zwiebelkuchen, der ursprünglich aus der Provence stammt. Anstelle des Pürees benutzen wir allerdings Sardellenfilets, die auch nicht auf weißen, sondern auf leicht karamellisierten roten Zwiebeln ruhen. Wer die etwas scharfen, fischigen Filets nicht mag: Auch überbackener Ziegenkäse harmoniert bestens mit den Zwiebeln und Oliven. Gut als Vorspeise oder Partysnack und am besten frisch aus dem Ofen.

ZUTATEN für 8 Portionen

700 g rote Zwiebeln
2 Knoblauchzehen
2–3 EL Rapsöl
2 TL brauner Zucker
2–3 EL dunkler Balsamessig
Salz, Pfeffer
1 Packung Blätterteig aus der Kühltruhe (etwa 250 g)
100 g Sardellenfilets (ersatzweise Ziegencamembert)
12–15 schwarze entsteinte Oliven
2 Stiele frischer Thymian (oder ½ TL getrockneter)

ZUBEREITUNG

1 Ofen auf 175 °C vorheizen. Zwiebeln in Ringe schneiden, Knoblauch in Scheiben. Mit dem Öl in einer Pfanne anbräunen, etwa 15 Minuten mit Zucker und Balsamessig weich dünsten. Salzen und pfeffern.

2 Eine Quiche- oder Tortenform mit dem Blätterteig auslegen, dabei einen kleinen Rand formen. Teig mehrmals mit der Gabel einstechen, im vorgeheizten Ofen etwa 8 Minuten backen.

3 Zwiebeln auf dem Teig verteilen, ebenso Sardellen und Oliven. Mit Thymianblättchen bestreuen. Bei 220 °C etwa 25 Minuten backen.

Zubereitungszeit: 70 Minuten, davon 45 Minuten Arbeit

TIPPS

1 *Für Sardellenverächter ersatzweise geviertelte Ziegencamembertscheiben auf der Tarte verteilen und die letzten 10 Minuten mitbacken.*

2 *Für 8 Personen ergeben die Mengenangaben im Rezept eine Vorspeise. Für ein ganzes Blech Pissaldière, also als Hauptgericht für 8 Personen, verdoppeln Sie einfach die Zutatenmengen.*

3 *Und so wird eine dekorative, an der Oberfläche karamellisierte Tarte Tatin daraus: Zucker, Essig und 2 EL Butter in eine Pfanne geben, Zwiebeln in Stücken darin weich dünsten, eine runde Platte aus Blätterteig daraufdrücken, bei rund 200 °C 25 Minuten im Ofen backen. Nach 10 Minuten Tarte auf eine Platte stürzen.*

Nährwert für eine Portion: 200 Kilokalorien, 6 g Eiweiß, 15 g Fett, 17 g Kohlenhydrate, 2 g Ballaststoffe

HONIG**SCHALOTTEN**

Zwiebeln als Gemüsebeilage haben hierzulande ein wenig den Ruch des Gewöhnlichen. Schalotten haben das gehobenere Image, machen sich vermeintlich besser auf einem feinen Buffet. Für unser Rezept spielt es aber letztlich keine Rolle, ob Sie Haushaltszwiebeln oder Schalotten nehmen. Das Glasieren und die süß-saure Würze nehmen sowieso die Schärfe und vermitteln eigene Aromen. Honigschalotten oder -zwiebeln passen als Beilage zu Wild, Lamm und Geflügel oder zu Gepökeltem wie Kassler. Und auch kalt schmecken sie wunderbar, zum Beispiel zu Käse.

ZUTATEN für 4 Portionen

250 ml Weißwein oder heller Balsamessig

½ TL Salz

600 g Schalotten oder Haushaltszwiebeln

3 EL Rapsöl

3 EL Honig

1 TL Zimt oder Honigkuchengewürz

eventuell Chiliflocken

ZUBEREITUNG

1 Wein oder Balsamessig mit dem Salz in einem Topf erhitzen. Schalotten oder Zwiebeln häuten, Spitzen nicht abschneiden, sonst fallen sie beim Garen auseinander. In die kochende Flüssigkeit geben und – je nach Größe – 5 bis 8 Minuten köcheln lassen.

2 In einer großen Pfanne das Öl erhitzen. Die abgetropften Schalotten darin unter ständigem Wenden anbraten bis sie leicht gebräunt sind. Honig, Zimt und nach Geschmack Chiliflocken zugeben und die Zwiebeln darin schwenken.

3 Bei mittlerer Hitze das Gemüse etwa 10 Minuten in der offenen Pfanne garen, bis die Zwiebeln weich sind. Die Pfanne dabei ständig etwas schütteln, damit die Glasur sich gut verteilt und die Zwiebeln rundherum goldbraun werden, ohne anzubrennen.

Zubereitungszeit: 25 Minuten

TIPPS

1 *Wenn Sie für das Rezept einfache Haushaltszwiebeln nehmen, achten Sie darauf, dass alle Zwiebeln möglichst gleich groß sind.*

2 *Das Rezept klappt auch, wenn Sie die Zwiebeln in Scheiben schneiden oder vierteln, wobei rote Zwiebeln in diesem Fall die attraktivere Variante sind. Die geschnittenen Zwiebeln werden nicht vorgegart, sondern nur in der Pfanne glasiert, bis sie weich sind, und dann mit etwas Balsamico übersprüht.*

3 *Wenn Sie die ungeschälten Zwiebeln für 1 Minute in der Mikrowelle garen, lassen sie sich ganz leicht häuten und sind auch bereits vorgegart.*

4 *Auch gut zu wissen: Wer täglich eine Ration Zwiebeln isst, hält Herz und Kreislauf in Schwung. Die enthaltenen Schwefelstoffe verhindern die Blutgerinnung und putzen die die Arterien frei.*

Nährwert für eine Portion: 120 Kilokalorien, 2 g Eiweiß, 7 g Fett, 11 g Kohlenhydrate, 3 g Ballaststoffe

SESAM**MÖHREN**

Von wegen Beilage! Raffiniert zubereitete Möhren übernehmen auf jedem Teller gern auch die Hauptrolle. Hier werden sie in Honig glasiert und anschließend in gerösteter Sesamsaat gewälzt. So zubereitet, passen sie perfekt zu asiatischen Gerichten oder zu Kurzgebratenem, insbesondere zu Entenbrust, Lamm, gebackenem Ziegenkäse. Auch auf dem kalten Buffet machen sie sich gut, müssen aber relativ frisch zubereitet werden, da die prall glänzende Optik leider nur einen Tag vorhält.

ZUTATEN für 4 Portionen

2 Bund möglichst kleine Möhren (etwa 600 g ohne Grün)
1 EL heller Balsamessig
1–2 EL Raps- oder helles Sesamöl
½ TL Salz
½ TL Zimt oder Lebkuchengewürz
½ TL Chiliflocken
1 EL brauner Zucker
50 g helle Sesamsaat

ZUBEREITUNG

1 Das Grün der Möhren am Stielende zurechtstutzen. Die Möhren waschen und dünn schälen. In einer Pfanne mit dicht schließendem Deckel zusammen mit einem Esslöffel hellen Balsamessig bei geringer Hitzezufuhr je nach Größe der Möhren 10 bis 15 Minuten garen. Die Möhren müssen fest bleiben.

2 Den Pfannendeckel öffnen. Öl, Salz, Zimt, Chiliflocken und Zucker zu den Möhren geben und die Möhren darin bei etwas stärkerer Hitzezufuhr etwa 5 Minuten in der offenen Pfanne schwenken, bis alle Feuchtigkeit aufgesogen ist und die Möhren schön glänzen, aber noch bissfest sind.

3 Inzwischen in einer zweiten Pfanne die Sesamsaat ohne Fett bei mittlerer Hitze goldbraun anrösten. Vorsicht: Die Körner dürfen nicht zu dunkel werden. Dann die Sesamsaat über die Möhren streuen.

Zubereitungszeit: 35 Minuten

TIPPS

1 *Möhren sind preiswert, sehr gesund, vor allem auch bei Kindern beliebt. Schön, dass sie kulinarisch auch so vielseitig sind. Wie wäre es zum Beispiel mit einem Möhrenpüree? Das Rezept: 500 g Möhren schälen, in Stücke schneiden und im Salzwasser 10 bis 15 Minuten garen. Wasser abgießen und die Möhren mit 200 ml Sahne pürieren. Nach Belieben mit Salz, Pfeffer und anderen Gewürzen abschmecken.*

2 *Möhren oder Karotten sind vor allem wegen ihres hohen Betacarotin-Gehaltes so gesund. Betacarotin ist eine Vorstufe zu Vitamin A. Vor allem aus gekochten Möhren kann es vom Körper sehr gut aufgenommen werden, aus rohen Möhren sehr viel schlechter.*

Nährwert für eine Portion: 144 Kilokalorien, 4 g Eiweiß, 9 g Fett, 11 g Kohlenhydrate, 7 g Ballaststoffe

AUBERGINE LIGHT

Als Vorspeise machen Auberginen viel her – sind aber meist fettgetränkt. Deshalb haben wir diese Light-Version entwickelt, die trotz ihres geringen Ölgehalts kulinarisch mithalten kann. Zur Vorbereitung für ein kaltes Buffet können Sie die Auberginen gut einen Tag vorher zubereiten. Decken Sie dann die geschichteten Früchte mit Klarsichtfolie ab und beschweren Sie alles mit einem Brett. Sollten die Scheiben am nächsten Tag sehr fest aneinanderhaften, können sie zum Servieren – wie eine Pastete – quer in Scheiben geschnitten werden.

ZUTATEN für 4 Portionen

500 g kleine Auberginen
Salz
2–4 Knoblauchzehen
etwa 4 Stiele Basilikum
2–3 EL Olivenöl

ZUBEREITUNG

1 Auberginen waschen, längs oder quer in 5 mm dicke Scheiben schneiden. Die Scheiben einzeln salzen, in ein größeres Sieb legen und etwa 1 Stunde stehen lassen. Dann die herausgetretene Flüssigkeit abgießen und die Früchte trocken tupfen.

2 Die einzelnen Auberginenscheiben in einer großen heißen Pfanne ohne Öl bei mittlerer bis hoher Temperatur von beiden Seiten anrösten, eventuell in mehreren Etappen. Währenddessen den Knoblauch schälen und in sehr feine Scheibchen schneiden.

3 Den Boden einer flachen Glas- oder Keramikform mit fertig gerösteten Auberginenscheiben bedecken, mit Knoblauch und Basilikumblättern belegen, eventuell noch etwas salzen, mit Olivenöl beträufeln. Bei Bedarf weitere Lagen auf die gleiche Art und Weise in die Form einschichten.

Zubereitungszeit: 90 Minuten, davon 30 Minuten Arbeit

TIPPS

1 *Die attraktive violette Auberginenschale enthält besonders viele gesunde Pflanzenstoffe, und sie gibt den Gerichten Farbe und Form. Bisweilen ist sie allerdings ziemlich zäh. Wenn man aber die Schale vor dem Rösten der Scheiben in kurzen Abständen etwas einschneidet, lassen sie ich besser kauen.*

2 *Auf das Einsalzen und Abtropfen der Auberginenscheiben können Sie notfalls auch verzichten. Allerdings dauert dann das Rösten der Scheiben etwas länger.*

Nährwert für eine Portion: 91 Kilokalorien, 3 g Eiweiß, 8 g Fett, 4 g Kohlenhydrate, 14 g Ballaststoffe

KARTOFFELN
PASTA
GETREIDE

KARTOFFELGRATIN MIT CAMEMBERT

Einfach und doch edel: Eine Kartoffelterrine, gefüllt mit herzhaft-aromatischem Ziegencamembert. Mit einem Salat dazu wird eine ganze Mahlzeit daraus, die nicht nur Vegetarier erfreut. Bekannter sind die Gratins, die als Beilage dienen und nur aus Kartoffeln bestehen. Wir servieren Ihnen deshalb als Dreingabe auch noch ein leichtes Gratin Dauphinoise ohne Sahne.

ZUTATEN für 4 Portionen

20 g Butter
1 kg vorwiegend festkochende Kartoffeln
1 EL frische Thymianblätter oder Rosmarinnadeln (oder ½ TL getrocknete Kräuter)
Salz, Pfeffer
250 g Ziegencamembert
1 Knoblauchzehe
3 EL Sahne

TIPP

Besonders mild ist Brie, besonders würzig Rotschimmelkäse (Munster). Wichtig sind Reife und Konsistenz: Ein nicht ausgereifter Camembert ist unaromatisch mit festem Inneren, ein zu reifes Exemplar flüssig mit unangenehmer Schärfe, die sich beim Backen sogar noch verstärkt.

ZUBEREITUNG

1 Eine Auflaufform von mindestens 1,5 l Fassungsvermögen mit Butter auspinseln. Backofen auf 180 °C vorheizen.

2 Kartoffeln waschen, schälen, in dünne Scheiben (etwa 2 mm dick) hobeln. 1 Minute in kochendem Salzwasser blanchieren, mit Küchenpapier abtupfen.

3 Boden und Ränder der Form mit knapp der Hälfte der Scheiben auslegen. Thymian oder Rosmarin daraufgeben, etwas pfeffern und salzen. Camembert (unzerteilt) in die Mitte legen, die restlichen Kartoffelscheiben darüber. Knoblauch hacken, mit der Sahne mischen, und über das Gratin geben.

4 Mit Alufolie bedecken und mit einem Gewicht (Teller) beschweren, 1 Stunde bei 180 °C backen. 1 Stunde auskühlen lassen, dann vorsichtig stürzen und in Portionen teilen. Dazu passt Salat oder eine mediterrane Gemüsekombination wie Ratatouille (Seite 134).

Zubereitungszeit: 2 Stunden, davon 30 Minuten Arbeit

Gratin Dauphinoise: Für 4 Personen 1 kg vorwiegend festkochende Kartoffeln schälen, in dünne Scheiben hobeln. In eine gebutterte Auflaufform füllen, dabei die Scheiben immer wieder mit Salz, Pfeffer, eventuell Knoblauch oder Kräutern (Rosmarin/Thymian) würzen. 150 bis 200 ml fertige Brühe darübergießen, sodass die Kartoffeln knapp bedeckt sind. 30 Minuten im vorgeheizten Ofen bei 180 °C backen. Gratin mit 50 g flüssiger Butter bestreichen, wieder in den Ofen stellen und weitere 20 bis 30 Minuten backen.

Nährwert für eine Portion: 410 Kilokalorien, 18 g Eiweiß, 24 g Fett, 31 g Kohlenhydrate, 5 g Ballaststoffe

KARTOFFELN DREIMAL ANDERS

Gemeinsames Kennzeichen dieser drei Rezepte: Die tollen Knollen garen vor sich hin, während Sie die Hände frei haben für alles, was es dazu gibt. Jedes Rezept setzt einen eigenen Akzent. Die gekräuterten Kartoffeln passen besonders zu Fisch, die knusprigen Spalten vom Blech sind gerade bei Kindern ein beliebter Ersatz für Pommes frites. Die Knollen mit Salzkruste kommen aus Spanien und können stilecht mit scharf-saurem kanarischen Mojo (Seite 186) verzehrt werden. Zaziki oder einfach Kräuterquark dazu schmeckt aber auch.

ZUTATEN für 4–6 Portionen

1 kg Bio-Kartoffeln, gründlich gewaschen

Kräuterkartoffeln
1 Bund frische Kräuter der Saison
3 EL Butter oder Olivenöl
½ Bio-Zitrone
Salz, Pfeffer

Gewürzte Kartoffelspalten
2 EL Rapsöl
3 Zweige Rosmarin (ersatzweise 1 TL getrocknete Kräuter)
Salz

Spanische Salzkartoffeln
300 g Salz

ZUBEREITUNG

Kräuterkartoffeln: Die nicht zu großen Kartoffeln etwa 25 Minuten kochen, abschrecken. Neue Kartoffeln schmecken gut mit Schale, sonst besser pellen. Schale der halben Zitrone abreiben (eventuell etwas weniger) und mit den gehackten Kräutern und Fett mischen, mit den Kartoffeln vermengen, salzen und pfeffern.

Gewürzte Kartoffelspalten: Backofen auf 200 °C vorheizen. Kartoffeln ungeschält in Spalten schneiden (2 bis 3 cm dick), in einer Schüssel mit Öl, Rosmarinnadeln und Salz mischen. Backblech oder Form mit Öl ausfetten. Die Kartoffelspalten locker darauf verteilen, im Ofen etwa 30 Minuten backen.

Spanische Salzkartoffeln (Papas arrugadas): Kartoffeln ungeschält in einen Kochtopf geben, das Wasser (etwa 1 l) soll sie gerade bedecken. Salz im lauwarmen Kochwasser auflösen. Kartoffeln in etwa 25 Minuten gar kochen, abgießen. Auf einem Blech im Ofen bei 100 °C abdampfen, bis die Kartoffeln etwas runzelig werden und eine dünne Salzkruste bekommen.

Zubereitungszeit: 30 bis 40 Minuten, davon 5 bis 10 Minuten Arbeit

TIPPS

1 Saucen und Dips dazu finden Sie ab Seite 178.

2 Mehlig kochende Kartoffeln sind für diese Rezepte nicht geeignet. Bei den Spanischen Salzkartoffeln brauchen Sie übrigens kein Meersalz zu verwenden, wie es in vielen Rezepten behauptet wird, normales Haushaltssalz geht auch.

3 Die Kartoffelspalten machen sich auch gut mit Chiliflocken, die leichte Schärfe bringen, oder mit geriebenem Parmesan. Damit der haftet, die Spalten statt mit Öl mit geschlagenem Eiweiß benetzen.

Nährwert für eine Portion (bei 6 Portionen): 170 Kilokalorien, 3 g Eiweiß, 5 g Fett, 25 g Kohlenhydrate, 5 g Ballaststoffe (Kräuter/Spalten); 115 Kilokalorien (Spanische Salzkartoffeln)

FRÜHLINGSTORTILLA MIT GRÜNEM SPARGEL

Ein paar Eier in die Pfanne, dazu Kartoffeln vom Vortag und alles, was die Küche gerade so hergibt – für die Spanier ist das eine Tortilla. Hier eine eher deftige, sättigende Variante des schmackhaften mediterranen Eierkuchens mit reichlich Gemüse. Je nach Gewürz und Zutaten fein gemacht, wird so eine Tortilla auch kalt und klein geschnitten zum praktischen Appetizer vorneweg.

ZUTATEN für 4 Portionen

100 g Zwiebeln
2 Knoblauchzehen
4 EL Rapsöl
200 g grüner Spargel
100 g Tiefkühlerbsen
300 g Pellkartoffeln
Salz, Pfeffer
200 g Kirschtomaten
½ Bund Rucola oder Petersilie
8 Eier

ZUBEREITUNG

1 Zwiebeln und Knoblauch klein gehackt in 2 EL Öl in einer Pfanne andünsten. Spargel waschen, unteres Drittel schälen, in schräge Scheiben schneiden, knapp 10 Minuten mitdünsten. Erbsen dazugeben, 5 Minuten mitgaren. Das Gemüse sollte bissfest bleiben.

2 Gepellte Kartoffeln – am besten vom Vortag – in dünne Scheiben schneiden, mit dem gegarten Gemüse in eine Schüssel geben, mit Salz und Pfeffer würzen. Halbierte Tomaten, Rucola oder Petersilie unterheben.

3 Eier aufschlagen, verquirlen, kräftig abschmecken, mit der Kartoffel-Gemüse-Zubereitung vermischen. Wieder 2 EL Öl in die Pfanne geben, die Ei-Gemüse-Mischung hineingießen, etwa 10 Minuten bei mittlerer Temperatur leicht stocken lassen. Großen Teller über die Pfanne legen, wenden und Tortilla in der Pfanne auf der anderen Seite etwa 4 Minuten fertig garen.

Zubereitungszeit: 50 Minuten, davon 40 Minuten Arbeit

TIPPS

1 Anders als ein Omelett, das erst nach dem Garen gefüllt wird, bäckt man Tortillas immer von beiden Seiten, zusammen mit allen Zutaten. Größere Mengen lassen sich in der Backröhre zubereiten. Die vorgegarten Zutaten werden in einer gefetteten Form mit der Eiermischung übergossen und bei 200 °C etwa 15 Minuten gebacken.

2 Es muss auch nicht grüner Spargel sein: Das Gericht ist eine ideale Resteverwertung. Pilze, Oliven, Fenchel, Zucchini, Auberginen – alles, wonach Ihnen der Sinn steht und was im Kühlschrank wartet, passt dazu.

Nährwert für eine Portion: 385 Kilokalorien, 20 g Eiweiß, 24 g Fett, 20 g Kohlenhydrate, 5 g Ballaststoffe

COUSCOUS MIT CRANBERRIES

Süß, sauer, fruchtig – das Zusammenspiel dieser Aromen gehört zum Reiz der persischen Küche. Hier tun sich Kardamom, Zimt und Cranberries mit Couscous zusammen, idealerweise auch ein paar Minzeblättchen. Das ist nicht nur optisch ein Genuss, es schmeckt auch warm wie kalt vor allem zu Lamm oder gekochtem Gemüse. Couscous ist grober Hartweizengrieß in Form von fast runden Körnchen mit recht neutralem Eigengeschmack, also ziemlich vielseitig kombinierbar.

ZUTATEN für 4 Portionen

50 g getrocknete Cranberries (oder Berberitzen)
2 grüne Kardamomkapseln (oder 1 Messerspitze geriebener)
Salz
200 g Couscous
40 g Butter
1 TL Honig
1 TL gemahlener Zimt
etwas frische Minze

TIPP

Couscous wird traditionell in einem Spezialtopf über Dampf gegart. Bei uns gibt es ihn vorgedämpft zu kaufen. Er ist minutenschnell zuzubereiten, ebenso wie Bulgur. Auch das ist ein orientalisches Grundnahrungsmittel aus Hartweizengrieß, nur grobkörniger. Cranberries gibt es mittlerweile fast überall im Supermarkt, die für Persien eigentlich typischen getrockneten Berberitzen oft nur in orientalischen und türkischen Fachgeschäften oder über das Internet.

ZUBEREITUNG

1 Cranberries zum Quellen mit warmem Wasser übergießen. Kardamomkapseln öffnen, Körner sehr fein zerstampfen, was ein wenig dauert.

2 200 ml Wasser mit etwas Salz aufkochen. Couscous und Kardamom dazugeben, 5 bis 10 Minuten ausquellen lassen.

3 Butter anbräunen, abgetropfte Cranberries mit Honig und Zimt darin wenden. Couscous zur Buttermischung geben. Mit Salz, eventuell noch etwas Honig abschmecken. Mit Minzeblättchen garnieren.

Zubereitungszeit: 30 Minuten

Couscous-Salat mit Aprikosen: 200 g Instant-Couscous mit 200 ml kochendem Wasser übergießen und quellen lassen. 2 Frühlingszwiebeln in Ringe schneiden, 2 Zucchini, 80 g getrocknete Aprikosen und Minze in Streifen schneiden. 50 g Pinienkerne ohne Fett anrösten, alles unter den Couscous heben. Eine Marinade aus je 4 EL Öl und Zitronensaft, dazu Salz, Pfeffer, Chili, ½ TL Zimt, 1 TL gemahlenem Kardamom und etwas Honig mit dem Couscous vermischen.

Nährwert für eine Portion: 260 Kilokalorien, 5 g Eiweiß, 9 g Fett, 40 g Kohlenhydrate, 4 g Ballaststoffe

WALDPILZHIRSOTTO

Hirsotto statt Risotto? Na klar, das geht. Hirse ist kein Vogelfutter, wie manche Mitteleuropäer zwischenzeitlich schon meinten. Wir haben sie aus der Gesundheitsecke der Reformhäuser hervorgeholt, und siehe da: Das Ergebnis, ein Waldpilzhirsotto, hat mit karger Körnerkost nichts mehr zu tun. Es ist – finden wir – ein richtig feiner Genuss und eine starke Konkurrenz für das Risotto.

ZUTATEN für 4 Portionen

50 g getrocknete Steinpilze (ersatzweise 100 g getrocknete Mischpilze)
4 Schalotten (100 g)
2 EL Butter
250 g Goldhirse
200 ml Weißwein
400 g frische Waldpilze (ersatzweise braune Champignons)
2 EL Butter
100 g Emmentaler
4 EL glatte Petersilie
Salz, Pfeffer

ZUBEREITUNG

1 Die getrockneten Pilze in 1,5 l gesalzenem Wasser aufkochen und so lange köcheln lassen, bis die Flüssigkeit auf die Hälfte verdampft ist (1 bis 1 ½ Stunden). Pilze herausfischen, fein hacken und wieder zur Brühe geben.

2 Die Schalotten sehr fein hacken und in einem Topf in 2 EL Butter glasig dünsten. Die gut abgespülte Hirse dazugeben und mit der Pilzbrühe auffüllen. Aufkochen, Hitze herunterschalten und bei geöffnetem Topf 20 bis 30 Minuten köcheln. Zwischendurch den Wein dazugeben.

3 Inzwischen die frischen Pilze waschen, in Scheiben schneiden, dann in einer Pfanne mit 2 EL Butter so lange braten, bis die Pilze gebräunt und leicht kross sind. Das kann je nach Wassergehalt der Pilze bis zu 20 Minuten dauern. Emmentaler reiben, Petersilie hacken, beiseitestellen.

4 Das Hirsotto ist fertig, wenn die Hirsekörner aufgequollen und weich sind und die Flüssigkeit vollständig aufgesogen ist. Mit Salz und Pfeffer abschmecken und gegebenenfalls bis zum Servieren warm halten. Unmittelbar vor dem Servieren werden der geriebene Emmentaler, die gebratenen Pilze und 4 EL gehackte Petersilie untergehoben.

Zubereitungszeit: gut 2 Stunden, davon 50 Minuten Arbeit

TIPPS

1 Hirse wird in verschiedenen Qualitäten angeboten. Wir finden die grobkörnigere Goldhirse für dieses Rezept besser geeignet als die kleine, harte Rispenhirse. Goldhirse kocht allerdings länger als Rispenhirse. Wichtig: Hirse muss vor dem Kochen immer heiß und sehr gründlich abgespült werden, sonst schmeckt sie ranzig.

2 Hirse lässt sich in der Küche ähnlich wie Reis verwenden, enthält aber deutlich mehr Mineralstoffe und Vitamine. Süßer Hirsebrei ist deshalb eine sehr gute Alternative zum herkömmlichen Reisbrei für Kinder.

Nährwert für eine Portion: 440 Kilokalorien, 20 g Eiweiß, 18 g Fett, 45 g Kohlenhydrate, 9 g Ballaststoffe

ZITRONENRISOTTO

Risotto soll man rühren, rühren, rühren – heißt es immer. Bei mir nicht, sagt die Hamburger Köchin Cornelia Poletto. Ihre Devise lautet: Mit heißer Brühe aufgießen, kurz rühren, köcheln, wieder auffüllen, kurz rühren und so weiter. Erst zum Schluss, wenn Butter und Parmesan dazukommen, ist fleißiges Rühren für ein richtig cremiges Risotto angesagt. Probieren Sie es einfach mal aus. Unser Risotto präsentiert sich frühlingsfrisch mit Zitrone, Zucchini und grünen Erbsen.

ZUTATEN für 4 bis 6 Portionen

500 g Zucchini (möglichst kleine)
1 Bio-Zitrone
1 mittelgroße Zwiebel
2–3 Knoblauchzehen
2 El Rapsöl
300 g Risotto-Reis (z. B. Arborio)
1 l heiße Brühe
150 g Erbsen (tiefgefroren)
2 EL Butter
nach Geschmack 50 g geriebener Parmesan

ZUBEREITUNG

1 Zucchini in etwa 3 mm dicke Scheiben schneiden. Zitronenschale abreiben, Zitrone ausdrücken.

2 Zwiebel und Knoblauch klein schneiden. 1 EL Öl in einer Pfanne erhitzen und Zwiebel und Knoblauch hellgelb schmoren, Zucchini dazugeben und wenden, bis auch sie hellgelb sind. Den Reis mit 1 EL Öl in einem Topf unter Rühren 2 bis 3 Minuten leicht glasig rösten. Etwa 250 ml heiße Brühe, geschmortes Gemüse, Zitronenschale sowie -saft dazugeben, kurz umrühren, köcheln lassen.

3 Warten, bis der Reis die Flüssigkeit fast aufgesogen hat, dann wieder etwas heiße Brühe angießen. Im Abstand von einigen Minuten 3 bis 4 Mal wiederholen. Dabei jeweils kurz rühren, köcheln lassen und warten, bis die Flüssigkeit fast aufgesaugt und verdampft ist. Das dauert 20 bis 25 Minuten. In den letzten 5 Minuten die noch tiefgefrorenen Erbsen dazugeben.

4 Butter unterrühren, eventuell mit Zitrone nachwürzen.

Zubereitungszeit: 50 Minuten

TIPPS

1 *Am besten und cremigsten ist ein Risotto ganz frisch vom Herd. Sehr cremig-flüssig wird's, wenn Sie zum Schluss Zitronensaft mit etwas Dickmilch unterrühren. Parmesan zum individuellen Würzen auf den Tisch stellen.*

2 *Statt Gemüse und Zitrone können Sie getrocknete Steinpilze und Champignons zum Risotto geben. Tomaten machen sich gut, grüner Spargel – die Variationsmöglichkeiten sind schier unerschöpflich, bis hin zu Radicchio. Am bekanntesten ist das Urrezept: Risotto Milanese mit Weißwein und Safran.*

3 *Als vegetarisches Hauptgericht reicht das Rezept für vier Personen. Wir haben die Portionen als Beilagen oder auch Vorspeise berechnet.*

Nährwert pro Portion (bei 6 Portionen): 350 Kilokalorien, 11 g Eiweiß, 8 g Fett, 53 g Kohlenhydrate, 3 g Ballaststoffe.

SKORDALIA UND ANDERE KARTOFFELPÜREES

Wer Knoblauch liebt, kommt bei diesem griechischen Nationalgericht auf seine Kosten: Bis zu fünf Knoblauchzehen kommen auf 250 Gramm Kartoffeln. Mit Olivenöl, Kräutern und Essig ergibt das ein köstliches Kartoffelpüree – so cremig, dass es auch als Dip auf den Tisch kommt. Ob warm oder kalt genossen – beides eignet sich hervorragend zu Fisch, Lamm und allem Gebackenen.

ZUTATEN für 4 Portionen

250 g Kartoffeln (mehlig oder vorwiegend festkochend)

4–5 Knoblauchzehen

Salz

6–7 EL Olivenöl

1–2 EL Essig oder Zitronensaft

Petersilie, Thymian, schwarze Oliven oder Walnusskerne nach Belieben

ZUBEREITUNG

1 Die ungeschälten Kartoffeln 25 Minuten kochen, abgießen, kurz im offenen Topf ausdämpfen lassen.

2 Knoblauchzehen schälen und mit Salz in einem Mörser zerdrücken, ersatzweise langsam durch eine Presse drücken, mit Öl und Essig mischen.

3 Kartoffeln pellen, mit dem Kartoffelstampfer zerdrücken. Die Öl-Essig-Knoblauch-Mischung dazugeben, mit dem Schneebesen oder Elektromixer rühren, bis das Püree cremeartig ist, dann salzen.

4 Nach Belieben mit gehackter Petersilie, Thymianblättchen, schwarzen Oliven oder zerkleinerten Walnusskerne garnieren.

Zubereitungszeit: 40 Minuten, davon 20 Minuten Arbeit

TIPPS

1 *Skordalia soll cremeartig werden. Deshalb kann hier – anders als bei herkömmlichem Püree – der Elektromixer sinnvoll sein.*

2 *Geben Sie als Variante 150 g gemahlene Mandeln oder Walnusskerne dazu. In Griechenland verwendet man statt Kartoffeln auch eingeweichtes Brot.*

3 *Für herkömmlichen Kartoffelbrei 500 g festkochende Kartoffeln kochen, abdampfen. Zerstampfen oder –drücken, 250 ml heiße Milch darunterrühren. Salz, Muskat eventuell 20 g Butter dazugeben. Varianten: mit Basilikum, Meerrettich, Oliven, Petersilie, Parmesan, getrockneten Tomaten.*

4 *Praktisch sind Kartoffelpüree-Flocken aus der Tüte. Untersuchungen von test fanden Fertigpürees ab 5 Cent pro Portion, darunter sogar „gutes". An Selbstgestampftes reichte aber nur ein Schweizer Produkt heran.*

Nährwert für eine Portion: 180 Kilokalorien, 1 g Eiweiß, 16 g Fett, 8 g Kohlenhydrate, 2 g Ballaststoffe.

PASTA MIT OLIVEN

Weiße Nudeln, rote Tomaten, grünes Basilikum: Diese Pasta in den italienischen Nationalfarben macht schon optisch Appetit. Die schwarzen Oliven sind allerdings das Tüpfelchen auf dem i, auch geschmacklich. Und das gesunde Olivenöl rundet das Ganze ab. Das darf ruhig sehr kräftig schmecken, fast kratzig – so wie viele Olivenöle aus der Toskana.

ZUTATEN für 4 Portionen

400 g Pasta
Salz
1 kg Tomaten
etwas Knoblauch
4 EL Olivenöl
100 g Oliven (ohne Kerne)
frisches Basilikum
60 – 100 g frisch geriebener harter Pecorino, ersatzweise Parmesan

ZUBEREITUNG

1 Nudeln nach Packungsanleitung in 3 bis 4 l gesalzenem Wasser bissfest garen.

2 Inzwischen die Tomaten mit heißem Wasser überbrühen, häuten, das wässrige Kerngehäuse entfernen, Fruchtfleisch in Würfel schneiden, Knoblauchzehen hacken. In einer Pfanne den gehackten Knoblauch im Olivenöl andünsten, Tomatenwürfel hinzufügen, bei schwacher Hitze einige Minuten etwas einkochen lassen.

3 Die Oliven grob zerkleinern und zur Sauce geben. Eventuell mit Salz abschmecken. Vorsicht: Viele Oliven sind sehr salzig. Vor dem Servieren frisch gehacktes Basilikum in die Sauce geben.

4 Die gegarte Pasta abtropfen lassen, in eine gewärmte Schüssel füllen. Dazu nach Belieben geriebenen Pecorino, der hier sehr gut harmoniert, Parmesan oder Grana Padano reichen.

Zubereitungszeit: 25 Minuten

TIPPS

1 *Ausgereifte Oliven sind dunkelviolett. Grüne Früchte wurden unreif geerntet. Das Fruchtfleisch enthält etwa 20 Prozent Öl. Meist auch reichlich Salz, denn Speiseoliven werden in Salzlake konserviert. Oliven mit Kern sind meist deutlich aromatischer als entsteinte Oliven. Es ist aber eine mühsame Arbeit, das Fruchtfleisch vom Kern zu lösen. Auch der Zeitfaktor entscheidet deshalb, welche Oliven Sie für dieses Rezept wählen.*

2 *Sie lieben Olivenöl pur und Knoblauch satt? Dann könnte Pasta aglio e olio, Nudeln mit Knoblauch und Öl, Ihr Lieblingsgericht werden. So geht's: Viel gehackten Knoblauch in reichlich Olivenöl erwärmen, etwas Salz und gehackte scharfe Peperonischoten dazu, notfalls tun es auch einige Chiliflocken. Köstlich zu Spaghetti und Co.*

Nährwert für eine Portion: 605 Kilokalorien, 18 g Eiweiß, 16 g Fett, 83 g Kohlenhydrate, 7 g Ballaststoffe

PASTA PARMA

Diese Pasta mit luftgetrocknetem rosigen Parmaschinken, frischen Raukeblättern und Parmesankäse ist eine der schnellsten und feinsten. Der Parmesan sollte natürlich erst unmittelbar vor dem Essen frisch gerieben oder gehobelt werden, dann entfaltet er sein würziges Aroma am besten. Seine Herstellung unterliegt strengen Regeln. So muss die Milch von Kühen stammen, die nur Grünfutter bekommen. Der Käselaib muss nach der Lagerung in Salzlake und nach dem Trocknen mindestens ein Jahr lang gereift sein. Und natürlich muss er in der Gegend rund um Parma hergestellt sein. Der ähnliche, aber etwas mildere, grobkörnige Grana Padano stammt aus der Po-Ebene und hat eine deutlich kürzere Reifezeit.

ZUTATEN für 4 Portionen

400 g Pasta
Salz
100 g Rucola
100 g Parmaschinken
2 EL Olivenöl
60 – 100 g Parmesan
Pfeffer

ZUBEREITUNG

1 Die Nudeln in 3 bis 4 l kochendem Salzwasser nach Packungsanleitung bissfest garen.

2 Zwischendurch den Rucola waschen, derbe Stiele entfernen, trocken schütteln. Die Schinkenscheiben quer in etwa 1 cm breite Streifen schneiden.

3 Die fertig gegarten, abgetropften Nudeln in der Servierschüssel mit den Rucolablättern, den Schinkenstreifen und dem Olivenöl vermischen. Bei Tisch frisch geriebenen Parmesan und frisch geriebenen Pfeffer unterheben.

Zubereitungszeit: 20 Minuten, davon 10 Minuten Arbeit

TIPP

Sowohl Parmesan als auch Grana Padano haben einen relativ geringen Fettgehalt von meist nur 32 Prozent in der Trockenmasse. Pro 100 g Käse sind das etwa 25 g Fett absolut. Da für beide Käsesorten viel Milch verarbeitet wird – 100 g enthalten bis zu 1,5 l Milch –, sind Eiweiß- und Kalziumgehalt hoch. Das gilt auch für einen weiteren italienischen Hartkäse, den Pecorino aus Sardinien. Er ist ganz besonders würzig und pikant – und auch deutlich teurer. Das Original wird im Wesentlichen aus frisch gemolkener Schafsmilch nur von November bis Juni hergestellt und muss mindestens 8 Monate reifen. Der Fettgehalt ist höher als beim Parmesan, die Konsistenz geschmeidiger.

Nährwert für eine Portion: 514 Kilokalorien, 28 g Eiweiß, 11 g Fett, 76 g Kohlenhydrate, 4 g Ballaststoffe

PASTA POMODORO

Tomaten – italienisch: pomodori – sind in dieser Pasta gleich doppelt vertreten: als würzige Trockentomaten und als frische Kirsch- oder Cocktailtomaten. Das Rezept ist einer unserer Klassiker, wir kochen es immer wieder gern. Deshalb haben wir es auch nur geringfügig verändert und modernisiert.

ZUTATEN für 4 Portionen

400 g Pasta
Salz
2–6 Knoblauchzehen
4 EL Olivenöl
50 g eingelegte, getrocknete Tomaten
500 g Cocktailtomaten
3 frische Thymianzweige
Salz, frischer Pfeffer, Chiliflocken
60–100 g Parmesan

ZUBEREITUNG

1 Nudeln in 3 bis 4 l kochendem Salzwasser nach Anweisung bissfest garen.

2 Inzwischen die Knoblauchzehen häuten, längs in Stifte schneiden und im Olivenöl in einer Pfanne andünsten. Die eingelegten Trockentomaten abtropfen lassen, in schmale Streifen schneiden und zum Knoblauch in die Pfanne geben.

3 Die frischen Tomaten je nach Größe halbieren oder vierteln, zum Erwärmen mit in die Pfanne geben, dabei aber die Hitzezufuhr abstellen. Von 2 Thymianzweigen die Blättchen abstreifen und zu den Tomaten geben. Mit Salz, Pfeffer und eventuell Chiliflocken abschmecken.

4 Die gegarte Pasta abtropfen lassen, in eine vorgewärmte Schüssel füllen. Die Tomaten darüber geben. Mit einem Thymianzweig und frisch geriebenem Parmesan oder Grana Padano servieren.

Zubereitungszeit: 25 Minuten

TIPPS

1 *Wenn Sie für das Rezept größere frische Tomaten verarbeiten wollen, sollten Sie die Haut abziehen. Das geht ruck, zuck: mit kochendem Wasser übergießen und Schale abziehen. Die Früchte werden dann in Achtel geschnitten und ohne Kerngehäuse mit den anderen Zutaten kurz erhitzt.*

2 *Sardellenfilets oder auch in Scheiben geschnittene schwarze Oliven bringen Abwechslung in das Rezept.*

3 *Individuell eingelegte getrocknete Tomaten schmecken besonders gut: Kochen Sie 200 g getrocknete Tomaten in 1 l Orangensaft auf und lassen Sie sie bei geöffnetem Topf mindestens 30 Minuten köcheln – so lange, bis die Tomaten weich sind und der Saft stark konzentriert ist. Zum Schluss muss noch einmal mit Zucker, Salz und Balsamessig abgeschmeckt werden. Die Tomaten kommen in ein Glas, das mit Olivenöl aufgefüllt wird.*

Nährwert für eine Portion: 572 Kilokalorien, 23 g Eiweiß, 18 g Fett, 91 g Kohlenhydrate, 7 g Ballaststoffe

PASTA PRIMAVERA

Primavera, das ist der Frühling in Italien. Und so grün, so frisch präsentiert sich auch diese Pasta – eingebettet in die duftende Vielfalt junger, zarter Frühlingskräuter. Wichtig für den feinen Geschmack ist gerade hier auch die Form der Nudeln. Die zarten Kräuter dürfen nicht erdrückt werden. „Schlanke" Nudeln wie Spaghettini, Linguine, Taglioni oder Capellini sind für dieses Rezept am besten geeignet.

ZUTATEN für 4 Portionen

400 g Pasta
Salz
frische Kräuter (gehackt etwa 10 EL)
2 – 3 Knoblauchzehen
3 EL Pinienkerne
3 EL Raps- oder Olivenöl
Salz, Pfeffer
Chiliflocken
100 g Parmesan gerieben

TIPPS

1 *Treffen Sie Ihre Kräuterauswahl nach Belieben und Angebot. Frühlingskräuter wie Petersilie, Kerbel, Dill schmecken eher lieblich frisch. Eine Mixtur aus Basilikum, Thymian, Rosmarin mutet herber, mediterraner an.*

2 *Die Sauce wird sämiger, wenn Sie dem Fett und den Kräutern noch 1 EL heißes Nudelwasser zugeben.*

ZUBEREITUNG

1 Die Nudeln in 3 bis 4 l kochendes Salzwasser geben und nach Packungsanleitung bissfest garen.

2 Zwischendurch die Kräuter waschen, trocken schütteln, fein hacken und den Knoblauch putzen, die Zehen in sehr feine Scheiben schneiden. Pinienkerne in einer Pfanne ohne Fett anrösten, dann aus der Pfanne nehmen und beiseitelegen. Jetzt den Knoblauch in die Pfanne geben und im Öl leicht anbräunen, dann die Kräuter hinzugeben.

3 Die fertig gegarten, abgetropften Nudeln in die Pfanne geben, in der Fett-Kräuter-Mischung schwenken, die Pinienkerne untermischen, mit Salz, Pfeffer und Chiliflocken abschmecken. Den frisch geriebenen Parmesan bei Tisch unter die Pasta heben.

Zubereitungszeit: 30 Minuten, davon 20 Minuten Arbeit

Nährwert für eine Portion: 620 Kilokalorien, 23 g Eiweiß, 18 g Fett, 91 g Kohlenhydrate, 5 g Ballaststoffe

BLÄTTERTEIGKÖRBCHEN
MIT KÄSE UND MEHR

Fingerfood ist bei großen Partys ideal. Der Gastgeber muss nicht jede Menge Geschirr auslegen, und die Gäste müssen nicht mit Tellern und Besteck balancieren. Allerdings sollten Sie jede Menge Servietten bereithalten.

ZUTATEN für 3 x 12 Stück

750–900 g Blätterteig
72 kleine Papierförmchen

Pilz-Käse-Füllung
(für 12 Stück)
500 g braune Champignons
2 EL Rapsöl
einige frische Salbeiblätter
200 g Gouda
Salz, Pfeffer

Feta-Tomaten-Füllung
(für 12 Stück)
100 g eingelegte, getrocknete Tomaten
1 EL italienische Kräuter, getrocknet
200 g Feta
Salz

Gorgonzola-Walnuss-Füllung
(für 12 Stück)
200 g Gorgonzola
100 g Crème fraîche
50 g Walnusskerne
Salz, Pfeffer

ZUBEREITUNG

1 Füllung nach den unten stehenden Rezepten zubereiten.

2 Ofen auf 200 °C vorheizen, aufgetauten Blätterteig ausrollen, dann in 10 cm mal 10 cm große Quadrate schneiden. Jeweils 2 Papierförmchen ineinanderstecken (erhöht die Stabilität), mit Wasser ausspülen.

3 Die Füllungen in den Förmchen verteilen, überstehende Teigecken nach innen biegen. Im Ofen 20 Minuten backen.

Pilz-Käse-Füllung: Pilze waschen, je nach Größe vierteln oder achteln. In einer Pfanne im heißen Öl anrösten. Nach etwa 10 Minuten klein geschnittene Salbeiblätter unter die Champignons heben, kurz mit anbraten. Vom Herd nehmen und den klein geschnittenen Gouda unterheben. Mit Salz und frisch gemahlenem Pfeffer abschmecken.

Feta-Tomaten-Füllung: Tomaten fein hacken, mit 1 EL Öl aus dem Konservenglas und den Kräutern vermischen. Feta zerbröckeln und unter diese Mischung rühren, mit Salz abschmecken.

Gorgonzola-Walnuss-Füllung: Käse mit Crème fraîche verrühren, Walnusskerne hacken und unterrühren. Mit Salz und Pfeffer abschmecken.

Zubereitungszeit: 90 Minuten, davon 70 Minuten Arbeit (Wenn nur eine Füllung zubereitet wird: 50 Minuten, davon 30 Minuten Arbeit)

Nährwerte für ein Stück: 150 Kilokalorien, 5 g Eiweiß, 11 g Fett, 7 g Kohlenhydrate, praktisch keine Ballaststoffe

KRUSTENBROT OHNE KNETEN

Brotbacken wird sowieso nichts? Doch mit diesem Rezept klappt's ganz einfach. Sie kommen ohne Kneten oder sperrige Backmaschine zu einem luftigen Brot mit knuspriger Kruste. Man braucht nur etwas Geduld, der Teig muss erst einmal etwa 18 Stunden gehen. Ihm so viel Zeit zu geben lohnt, Sie merken es am Geschmack. Das Rezept taugt aber auch für eine flache Focaccia mit Kräutern und Salz. Ganz nebenbei entlastet es auch die Haushaltskasse, denn Brot und Focaccia kosten nur einen Bruchteil dessen, was Sie beim Bäcker zahlen.

ZUTATEN für ein Brot (etwa 750 g)

12 g Salz
¼ TL Trockenhefe
450 g Weizenmehl (Type 550)
350 bis 400 ml Wasser

TIPPS

1 *Geeignet sind alle feuerfesten Gefäße mit hohem Rand und Deckel, wie Schmortopf oder ein Römertopf.*

2 *Gut schmeckt dazu anstelle von Butter ein Knoblauch-Walnuss-Pesto (Seite 184).*

3 *Bei der Focaccia aufpassen: Sie wird schnell zu braun und hart.*

ZUBEREITUNG

1 Salz und Hefe mit einem Rührlöffel unter das Mehl mischen, alles kurz mit kaltem Wasser vermischen. Der Teig wird ziemlich feucht. Mit feuchtem Tuch oder Folie abgedeckt bei Zimmertemperatur etwa 18 Stunden gehen lassen. 2 Stunden mehr oder weniger sind auch okay.

2 Den jetzt deutlich flüssigeren Teig auf eine gut bemehlte Arbeitsfläche geben, Backpapier darunter erspart aufwendiges Säubern. Hände einmehlen, Teig etwas flach pressen, große Blasen herausdrücken, die Ecken nacheinander zur Mitte falten wie für einen Briefumschlag. Teig wieder flach drücken und etwa 10-mal wiederholen. In eine mit Backpapier ausgelegte Schüssel geben, abgedeckt 100 Minuten gehen lassen.

3 Backofen mit einem feuerfesten Gefäß darin auf 250 °C vorheizen. Wenn der Ofen heiß ist, Gefäß aus dem Herd holen, den erneut gegangenen Teig samt Backpapier in das Gefäß heben. Auf der Oberseite mit einem Messer einritzen, Mehl darüberstäuben, Gefäß mit Deckel in den Herd stellen. Nach 30 Minuten auf 220 °C herunterschalten, Deckel abnehmen und 15 Minuten weiterbacken. Danach auf einem Rost abkühlen lassen.

Zubereitungszeit: 20 Stunden, davon 20 Minuten Arbeit

Variante: Für eine Focaccia etwa die halbe Teigmenge nach dem ersten Gehen auf ein Backblech mit Teflon geben, mit eingemehlten Händen flach drücken, je einen Teelöffel Trockenkräuter, grobes Salz und Olivenöl darauf verteilen. Etwa 15 Minuten bei 230 °C backen.

Nährwert je 100 g Brot (etwa 1 ½ Scheiben): 230 Kilokalorien, 8 g Eiweiß, 48 g Kohlenhydrate, 3 g Ballaststoffe

SAUCEN
SALSAS
PESTOS

SALATSAUCEN MIT UND OHNE ESSIG

Auf die Anmache kommt es an. Feine Blattsalate werden durch allzu deftige Saucen und Dressings erdrückt. Dagegen rundet eine einfache Vinaigrette, eine Kombination aus gutem Öl und feinem Essig, das Aroma in idealer Weise ab. Und sie sorgt dafür, dass die im Salat enthaltenen Vitamine und sekundären Pflanzenstoffe vom Körper besser verwertet werden können. Wir zeigen Ihnen zwei Varianten und eine ebenso leckere Joghurtsauce.

ZUTATEN für jeweils 8 Portionen

Vinaigrette klassisch
5 EL Olivenöl
3 EL heller Balsamessig
1 TL Dijonsenf
Salz, Pfeffer

Vinaigrette asiatisch
3 EL Rapsöl
2 EL dunkles Sesamöl
1 EL Honig
3 EL dunkler Balsamessig
1 Messerspitze Chiliflocken
Salz, Pfeffer

Joghurtsauce
400 g Joghurt
1 EL Zitronensaft
3 EL Rapsöl
1 EL Zucker
etwas Salz

ZUBEREITUNG

Für jede Sauce die Zutaten mit einem Schneebesen gut verquirlen oder in einem Glas mit Schraubverschluss kräftig schütteln. Abschmecken. Bei Bedarf die gewünschte Menge entnehmen.

Zubereitungszeit: jeweils 5 Minuten

TIPPS

1 Pro Salatportion (100 bis 150 g) reicht 1 EL Vinaigrette, von der dickflüssigeren Joghurtsauce müssen Sie etwas mehr nehmen.

2 Bereiten Sie ruhig immer eine größere Menge auf einmal zu. Sie können die Vinaigrette in einem gut verschließbaren Gefäß mehrere Wochen im Kühlschrank aufbewahren. Und immer, wenn Sie sich auf die Schnelle einen Salat zubereiten, die gewünschte Menge entnehmen.

3 Frische Kräuter sollten Sie immer erst unmittelbar vor dem Anrichten an die Salatsauce geben.

Nährwert für 1–2 EL Vinaigrette: 60–70 Kilokalorien, kein Eiweiß, 6 g Fett, 2 g Kohlenhydrate, keine Ballaststoffe; für 1–2 EL Joghurtsauce: 60–70 Kilokalorien, 2 g Eiweiß, 5 g Fett, 3 g Kohlenhydrate, keine Ballaststoffe

JOGHURTSAUCEN

In orientalischen Ländern ist Joghurt die Basis für viele Dips und Saucen. Besser als die Joghurts hierzulande eignet sich für die Verarbeitung der sahnige griechische Joghurt oder auch der türkische. Joghurtsaucen passen zu vielen Fleischgerichten und ersetzen auch mal eine kalorienträchtige Bratensauce. Eine Gemüsebeilage – oder einfach nur Kartoffeln – wird durch eine Joghurtsauce geschmacklich und auch ernährungsphysiologisch zu einer kompletten Hauptmahlzeit aufgewertet.

ZUTATEN für 4 Portionen

Orangenjoghurt

Saft und Schale einer halben Bio-Orange
300 g Joghurt
½ TL Salz
½ TL Curry
1 EL Honig
eventuell einige Safran- oder Chilifäden

Apfel-Meerrettich-Joghurt

1 Apfel
300 g Joghurt
1 EL scharfer Meerrettich
½ TL Salz
1–2 TL Zucker
1 EL Zitronensaft
2 EL Leinöl

Joghurt mediterran

2–4 Knoblauchzehen
4 schwarze kernlose Oliven
6 eingelegte Tomatenhälften
300 g Joghurt
½ TL Salz
1 EL Olivenöl

ZUBEREITUNG

Orangenjoghurt: Die Schale einer halben Orange hauchdünn, möglichst ohne weiße Anteile, abschneiden. Zur Hälfte in sehr feine Streifen schneiden, zur Hälfte mit dem Mixstab pürieren. Mit dem Orangensaft und den anderen Zutaten verrühren. Abschmecken.

Apfel-Meerrettich-Joghurt: Den Apfel vierteln, schälen, Kerngehäuse entfernen und fein reiben. Mit dem Joghurt und den restlichen Zutaten vermischen. Abschmecken.

Joghurt mediterran: Knoblauchzehen pressen, Oliven und Tomaten sehr fein hacken, mit Joghurt, Salz und Olivenöl verrühren. Abschmecken.

Zubereitungszeit: 10 bis 15 Minuten pro Sauce

Nährwert für eine Portion Apfel-Meerrettich-Joghurt: 90 Kilokalorien, 3 g Eiweiß, 8 g Fett, 1 g Kohlenhydrate, 1 g Ballaststoffe (die Werte für die anderen Saucen variieren geringfügig)

PESTOS

Das Ur-Pesto kommt aus Ligurien: eine kalte Basilikumpaste, gemixt mit dem Besten Italiens, nämlich Olivenöl, Knoblauch und Käse. Gourmets zerstoßen die Kräuter im Mörser – italienisch: pestare –, weil sich in den schnellen Haushaltsmixern hohe Temperaturen entwickeln können, die den empfindlichen Aromen schaden. Inzwischen nennt sich so manche Paste Pesto, sogar solche ohne Kräuter – und wir machen mit. Diese Pestos sind auch ohne Olivenöl urgesund. Sie passen nicht nur zu Pasta, sondern auch zu Fisch und Fleisch, aufs Brot, als Auflage fürs Gratin. Und sie sind praktisch, denn gut mit Öl bedeckt, stehen sie wochenlang im Kühlschrank bereit.

ZUTATEN

Nuss-Knoblauch-Pesto
250 g Walnusskerne
4 Knoblauchzehen
125 ml Rapsöl
1 gestrichener TL Salz

Tomaten-Pesto
80 g getrocknete Tomaten
40 g Mandeln
1 Bio-Zitrone
125 ml Rapsöl
Salz, grober Pfeffer

Petersilien-Pesto
80 g glatte Petersilie (4 Bund)
1 Knoblauchzehe
40 g Walnusskerne
80 ml Rapsöl
30 g geriebener Parmesan
½ Zitrone
Salz, Pfeffer

ZUBEREITUNG

Nuss-Knoblauch-Pesto: Walnusskerne mit 4 gehackten Knoblauchzehen im Mixer nicht zu fein zerkleinern, Öl hinzufügen, salzen.

Tomaten-Pesto: Getrocknete Tomaten kurz in Wasser aufkochen, 10 Minuten ziehen lassen, gut ausdrücken. Mandeln im Mixer grob zerkleinern (kein Mandelmehl), Tomaten hinzufügen, ebenfalls zerkleinern. Mit der abgeriebenen Schale und dem Saft der Bio-Zitrone sowie Öl vermischen, salzen, kräftig pfeffern.

Petersilien-Pesto: Petersilienblätter grob hacken, ebenso den geschälten Knoblauch. Walnusskerne zusammen mit Petersilie, Knoblauch und Öl fein pürieren, Parmesan hinzufügen. Eine halbe Zitrone auspressen, Persilienpüree mit dem Saft, Salz und Pfeffer würzen.

Zubereitungszeit: jeweils rund 20 Minuten

TIPPS

1 Das Petersilien-Pesto ist ein Allzwecktalent. Mit etwas Basilikum dazu ersetzt es das Ur-Pesto. Ohne Parmesan, aber mit ein bis zwei Esslöffeln Kapern oder gehackten Oliven ist es ideal zu Fisch.

2 Für Pasta die Pestos eventuell mit einigen Esslöffeln heißem Nudelwasser aus dem Kochtopf verdünnen.

3 Vor allem Nuss-Pesto schmeckt gut auf Brot. Das sind zwar nicht weniger Kalorien als mit Butter oder Käse, aber gesündere Fette. Das Pesto verträgt sich auch gut mit anderen Kräutern wie Dill oder Salbei vom Balkon.

Nährwert für 1 EL Nuss-Knoblauch-Pesto (etwa 20 g): 140 Kilokalorien, 2 g Eiweiß, 14 g Fett, 2 g Kohlenhydrate, 1 g Ballaststoffe; für 1 EL Tomaten-Pesto (etwa 20 g): 100 Kilokalorien, 1 g Eiweiß, 10 g Fett, 2 g Kohlenhydrate, 1 g Ballaststoffe (die Werte für das Petersilien-Pesto variieren geringfügig)

DIPS UND MOJOS

Flüssiger als Pestos, cremiger als Salatsaucen und nicht so scharf wie manches Chutney – das sind die Kennzeichen von Dips und spanischen Mojos (sprich: Mochos). Sie machen Möhrensticks, Cracker oder auch Hackbällchen erst richtig interessant. Als Basis eignet sich fast alles, angefangen von Avocados (mit Chili und Tomaten) über Frischkäse (mit Kräutern) bis Zwiebelpüree (mit Honig und Zimt).

ZUTATEN für 4 bis 6 Portionen

Senf-Honig-Dip
250 g Joghurt
100 g Crème fraîche
3–4 EL Honig
3–4 EL milder Senf
40 g gestiftelte Mandeln
1 Bund Dill, gehackt

Artischocken-Käse-Dip
1 Dose Artischockenherzen (250 g)
100 g milder Schafskäse
1–2 Knoblauchzehen
100 g fettarmer Frischkäse
½ Bund Basilikum
Salz, Pfeffer, Chiliflocken

Mojos rot und grün
1–2 Paprikaschote, rot oder grün
100 g Stangensellerie
2–3 Knoblauchzehen
3 EL Essig
3 EL Rapsöl
½ TL Kreuzkümmel
Salz, Pfeffer, Chiliflocken
¼ TL rosenscharfer Paprika
(für das rote Mojo)
1 Bund Koriander oder Petersilie
(für das grüne Mojo)

ZUBEREITUNG

Senf-Honig-Dip: Die Zutaten in der angegebenen Reihenfolge vermischen, etwas durchziehen lassen, eventuell mit Milch flüssiger rühren.

Artischocken-Käse-Dip: Artischockenherzen mit Schafskäse und gehacktem Knoblauch pürieren (Mixstab), Frischkäse daruntergeben, mit etwas Flüssigkeit aus der Artischocken-Konserve cremig rühren. Geschnittenes Basilikum dazugeben, mit Salz und Pfeffer würzen, eventuell auch mit Chiliflocken.

Mojos: Paprikaschoten und Stangensellerie in Scheiben in wenig Wasser garen, mit den gehackten Knoblauchzehen, Essig und Öl pürieren, mit Kreuzkümmel und Salz, nach Geschmack mit Pfeffer und Chiliflocken würzen. Für das rote Mojo rosenscharfen Paprika dazugeben. Für das grüne Mojo klein geschnittenen Koriander (ersatzweise Petersilie oder Minze) zusammen mit den anderen Zutaten pürieren.

Zubereitungszeit: jeweils etwa 15 Minuten

TIPPS

1 *Die Mojos isst man auf den Kanaren vor allem zu den salzigen Runzelkartoffeln (Seite 154). Sie passen aber auch zu allem, was vom Grill kommt. Wenn Sie die manchmal recht harte Paprikahaut nicht vertragen, entfernen Sie sie vor dem Kochen vorsichtig mit dem Sparschäler. Auch Paprika aus dem Glas sind gut geeignet.*

2 *Mit Speisequark oder Frischkäse plus Joghurt oder Milch sind viele Dips fix und relativ kalorienarm zusammengerührt. Zum Beispiel Frischkäse, dazu frische Kräuter und Zitronensaft oder asiatisch gewürzt mit Zimt, Kardamom und Kreuzkümmel.*

3 *Probieren Sie auch einmal Apfelmus mit Meerrettich oder Currygewürzen. Curry am besten vorher mit etwas Öl kurz andünsten, damit sich der Geschmack entfalten kann.*

Nährwert für eine Portion (bei 6 Portionen): 105 Kilokalorien (Artischocken-Käse-Dip) bis 181 Kilokalorien (Senf-Honig-Dip)

SALSAS

Scharf, schärfer, am schärfsten! Eine mexikanische Salsa schmeckt zu Nachos ebenso gut wie zu Grillfleisch. Sollten Sie sich bei unseren feurigen Würzsaucen zu reichlich bedient haben, helfen Milch, Alkohol oder Brot, den brennenden Gaumen zu neutralisieren. Die Schärfe kommt vom Capsaicin in den Chilis, das auch Verschleimungen in den Atemwegen löst. Unsere drei Salsa-Variationen tun also gerade im Winter richtig gut.

ZUTATEN
für jeweils 4 Portionen

Tomaten-Salsa
200 g Tomaten
1 kleine Zwiebel
3 Stiele Koriandergrün
1 Chilischote
2 EL Öl
Salz, Zucker

Avocado-Salsa
100 g Tomaten
1 Avocado
1 EL Zitronensaft
2 Knoblauchzehen
1 Chilischote
1 Frühlingszwiebel
3 Stiele Koriandergrün
Salz, Pfeffer, Zucker

Melonen-Salsa
¼ Honigmelone
2 EL Weißweinessig
2 EL Olivenöl
1 Chilischote
Salz, Pfeffer, Zucker

ZUBEREITUNG

Tomaten-Salsa: Tomaten mit kochendem Wasser übergießen, dann häuten, entkernen, sehr fein würfeln. Zwiebel und Koriandergrün (ohne Stiel) fein hacken. Ebenso die Chilischote, scharfe Samenkerne vorher entfernen. Alles mit Öl verrühren, mit Salz und Zucker abschmecken.

Avocado-Salsa: Tomaten wie oben häuten und entkernen. Das Fruchtfleisch der Avocado mit Zitronensaft pürieren oder mit einer Gabel zerquetschen. Gehäutete Knoblauchzehen, Chilischote (ohne Kerne), Frühlingszwiebel und Koriandergrün sehr fein hacken. Abschmecken mit Salz, Pfeffer und Zucker.

Melonen-Salsa: Melone schälen, entkernen. Das Fruchtfleisch pürieren. Essig und Öl unterrühren, mit gehackter Chilischote (ohne Kerne), Salz, Pfeffer und Zucker abschmecken.

TIPPS

1 Im Handel werden Chilischoten auch als Pfefferschoten, Peperoni oder Peperoncini angeboten. Faustregel: je kleiner, desto schärfer.

2 Wenn Sie Koriander partout nicht ausstehen können, nehmen Sie ersatzweise Petersilie. Zwiebeln sind besser verdaulich und schmecken nicht so heraus, wenn Sie die gehackten Würfel kurz überbrühen.

3 Beim Hacken der Chilischoten tun Haushaltshandschuhe gute Dienste. Ohne sie sorgt ein unwillkürlicher Griff ans Auge oder an die Nase noch Stunden später für starkes Brennen.

4 Anstelle frischer Chilischoten sind getrocknete oder Cayennepfeffer eine zwar weniger aromatische, aber durchaus scharfe Notlösung.

Nährwert für eine Portion: 83 Kilokalorien (Tomaten-Salsa) bis 95 Kilokalorien (Melonen-Salsa)

KETCHUPS UND RELISHES

Pikante, süßsaure, scharfe Würzsaucen sind von der Idee her asiatischen Ursprungs. Auch die Chutneys auf der folgenden Doppelseite gehören dazu. Zwar übertrumpft der intensive Geschmackseindruck oft alle anderen Geschmacksnuancen, aber das ist bisweilen ja durchaus erwünscht. Wenn Sie diese Saucen wie Eingemachtes in gut verschlossene Schraubgläser füllen, halten sie oft monatelang, geöffnet im Kühlschrank immer noch viele Tage. Deshalb lohnt es sich, gleich ein großes Glas zuzubereiten.

ZUTATEN für 8 bis 10 Portionen

Apfel-Curry-Relish
300 g Zwiebel
400 g Äpfel
3 getrocknete Datteln
1 EL Rapsöl
1 EL Curry
Saft von einer Zitrone
1 EL Honig
Salz
½ TL Chiliflocken

Kaki-Ketchup
400 g Kaki (2 große Früchte)
100 ml Essig
100–150 g Zucker
2 TL Kardamom, gemahlen
Salz, Chiliflocken

Gurken-Relish
4 kleine Schmorgurken (zusammen etwa 400 g; ersatzweise 1 Salatgurke)
2 mittlere Zwiebeln
1 TL Salz (ohne Jodzusatz)
100 ml Essig
100–150 g Zucker
1 TL Senfkörner
½ TL Fenchelsamen

ZUBEREITUNG

Apfel-Curry-Relish: Zwiebeln schälen und vierteln. Äpfel schälen, ebenfalls vierteln, dann die Viertel längs in Scheiben schneiden. Die Datteln längs in sehr feine Streifen schneiden. Die Zwiebeln in einem großflächigen, eher flachen Topf im Öl glasig dünsten, Curry kurz mitdünsten. Apfelscheiben, Zitronensaft, Honig und Salz dazugeben und mit geschlossenem Deckel in 10 bis 15 Minuten bei sehr schwacher Hitze weich dünsten. Zum Schluss noch einmal mit Salz, Zucker, Curry, Chiliflocken und Zitronensaft abschmecken.

Kaki-Ketchup: Kakifrüchte waschen, dünn schälen, vierteln, Kerngehäuse entfernen, in kleine Stücke schneiden. In einer Schüssel mit Essig, Zucker und den Gewürzen pürieren. Abschmecken und nach Belieben nachsüßen. Achtung: Dieses Ketchup ist aus rohen Früchten hergestellt. Im Kühlschrank hält es einige Tage. Wenn Sie es aus gegarten Früchten herstellen und in ein sauberes Schraubdeckelglas füllen, ist es zwar nicht ganz so frisch-fruchtig, dafür aber deutlich länger haltbar.

Gurken-Relish: Gurken waschen, entkernen, Zwiebeln häuten, beides in ganz kleine Würfelchen hacken. In ein Sieb geben, salzen und mindestens 3 Stunden zugedeckt stehen lassen. Anschließend die Masse mit kaltem Wasser abspülen, dann sehr fest ausdrücken, damit so viel Flüssigkeit wie möglich herausgepresst wird. In einem Topf den Essig mit Zucker, Senfkörnern und Fenchelsamen aufkochen, die Gurken- und Zwiebelwürfel dazugeben und 10 bis 15 Minuten köcheln. Abkühlen lassen und noch einmal mit Salz, Zucker und Essig abschmecken. Dies Relish sollte ziemlich süß sein.

Zubereitungszeit Apfel-Curry-Relish: 30 Minuten; Kaki-Ketchup: 10 Minuten; Gurken-Relish: 3 Stunden, 30 Minuten, davon 30 Minuten Arbeit

Nährwert für eine Portion (etwa 2 gehäufte EL): 80 Kilokalorien, 1 g Eiweiß, 2 g Fett, 16 g Kohlenhydrate, 3 g Ballaststoffe (die Werte variieren je nach Rezept geringfügig)

CHUTNEYS

Der Begriff „Chutney" stammt aus dem Indischen und meint in etwa: zum Lecken. Und lecker ist so ein Chutney, ohne Frage. Eine klebrig-süße Versuchung, die zu fast allem schmeckt: zu Fleisch, Fisch, Gemüse, Käse. Selbst als Brotaufstrich sind Chutneys ein Genuss. Und das Beste: Der Fantasie sind fast keine Grenzen gesetzt. Praktisch jede Frucht lässt sich zu einem Chutney verarbeiten.

ZUTATEN für 8 bis 10 Portionen

Pflaumen-Chutney

500 g Pflaumen
50–70 g Ingwerwurzel (6–8 cm)
100 ml dunkler Balsamessig
100 g brauner Zucker
1 TL Zimt
½ TL Nelkenpulver
geriebene Schale von einer halben Bio-Zitrone
½ TL Chiliflocken
Salz

Sauerkirsch-Chutney

1 großes Glas Sauerkirschen
200 g getrocknete Sauerkirschen
100 ml dunkler Balsamessig
2 EL Honig
1 TL 5-Gewürze-Pulver
½ TL Thymian, getrocknet
½ TL Chiliflocken
Salz

ZUBEREITUNG

Pflaumen-Chutney: Die Pflaumen waschen, halbieren und entsteinen. Ingwer putzen, in hauchdünne Scheibchen schneiden. Pflaumen und Ingwer mit dem Balsamessig, dem Zucker und den Gewürzen bei sehr geringer Hitze in wenigen Minuten weich garen. Mit Salz und Zucker abschmecken.

Sauerkirsch-Chutney: Die Sauerkirschen aus dem Glas (abgetropft, ohne Saft), die getrockneten Sauerkirschen, den Essig, den Honig und alle Gewürze in einem geöffneten Topf 5 bis 10 Minuten sanft köcheln und eindicken lassen. Zum Schluss nochmals mit Chiliflocken und Salz abschmecken.

Zubereitungszeit: 20 Minuten pro Chutney

TIPP

Süßsaure Gewürzsaucen enthalten durch den hohen Zuckeranteil nicht gerade wenig Kalorien. Wenn Sie gerade beim Abnehmen sind, können Sie einen Teil des Zuckers durch Süßstoff ersetzen.

Nährwert pro Portion (etwa 2–3 gehäufte EL): 80 Kilokalorien, praktisch kein Eiweiß und Fett, 20 g Kohlenhydrate, 1–2 g Ballaststoffe

SÜSSES

FLAMMERI MIT GEBACKENEN ZWETSCHGEN

Grießpudding mit Obst – das ist traditionelle Hausmannskost. Meist ohne nennenswerten kulinarischen Pfiff und wahrscheinlich gerade deshalb bei Kindern so beliebt. Unseren Flammeri dürfen Sie aber als Dessert auch erwachsenen Gästen vorsetzen. Denn die in der Backröhre karamellisierten Zwetschgen sind schon etwas Besonderes.

ZUTATEN für 4 Portionen

Gebackene Zwetschgen
600 g Zwetschgen (oder Pflaumen)
3 EL Zucker
eventuell etwas Zwetschgengeist

Flammeri
500 ml Milch
4 EL Zucker
1/2 – 1 TL geriebene Zitronenschale
40 g Hartweizengrieß
100 g Quark (20 % Fett i. Tr.)

ZUBEREITUNG

1 Zwetschgen waschen, halbieren, entkernen. Die Früchte mit der Schnittseite nach oben in eine flache, große Auflaufform legen. Mit Zucker bestreuen, eventuell ein Gläschen Zwetschgengeist darüberträufeln und für 8 bis 10 Minuten in der Backröhre übergrillen beziehungsweise karamellisieren.

2 Für den Flammeri die Milch in einem Kochtopf mit dem Zucker und der geriebenen Zitronenschale aufkochen lassen. Den Grieß einstreuen und bei sehr niedriger Temperatur 5 bis 6 Minuten ausquellen lassen, dabei öfter umrühren. Abkühlen lassen, dann den Quark unterrühren.

Zubereitungszeit: 30 Minuten

TIPPS

1 *Auch Pflaumen eignen sich zum Übergrillen, müssen dabei jedoch beobachtet werden. Da sie deutlich wasserhaltiger sind als Zwetschgen, verlieren sie in der Backröhre schneller die Form.*

2 *Der weiße Reif oder Duftfilm, der Pflaumen und Zwetschgen oft überzieht, ist ein Indiz für Frische. Die Früchte haben diesen leicht wachsartigen Überzug als Schutz vor dem Austrocknen selbst gebildet. Er ist leicht abwaschbar.*

Nährwert für eine Portion: 300 Kilokalorien, 10 g Eiweiß, 6 g Fett, 50 g Kohlenhydrate, 4 g Ballaststoffe

TARTE **TATIN**

Diese klassische französische Tarte mit karamellisierten Äpfeln wird kopfüber gebacken. Das geht ganz einfach, sieht super aus – und schmeckt auch so. Warm serviert, am besten mit Vanilleeis, ist eine Tarte ein köstliches, allerdings auch ziemlich sättigendes Dessert.

ZUTATEN für eine Tarteform (8 Stücke)

6 mittelgroße, festfleischige Äpfel
etwas Zitronensaft
4 EL Puderzucker
4 EL Butter
5 EL Mandelplättchen oder gehackte Walnusskerne
1 Paket Tiefkühlblätterteig

ZUBEREITUNG

1 Äpfel waschen, schälen, je nach Größe vierteln oder achteln und entkernen. Einige Tropfen Zitronensaft darübergeben, beiseitestellen.

2 In einer flachen Tarteform aus Metall Puderzucker und Butter unter dem Grill der Backröhre schmelzen und leicht karamellisieren lassen. Die Tarteform mit Topfhandschuhen vorsichtig aus der Backröhre nehmen. Mandelplättchen oder gehackte Walnusskerne über das Karamell in der Form streuen, ebenfalls unter dem Grill einige Minuten bräunen (und nicht aus den Augen) lassen. Form aus dem Ofen nehmen und mit den Äpfeln auslegen.

3 Grill ausstellen und den Backofen auf 190 °C vorheizen. Inzwischen den Blätterteig nach Anleitung in Formgröße ausrollen. Über die Äpfel legen, am Rand etwas nach innen stülpen. Im heißen Ofen ungefähr 30 Minuten lang backen.

4 Mithilfe einer Tortenplatte die Tarte vorsichtig stürzen und am besten warm servieren. Vanilleeis ist eine köstliche Kombination.

Zubereitungszeit: 70 Minuten, davon 40 Minuten Arbeit

TIPPS

1 *Eine Tarte wird anders als eine hohe Torte in einer eher flachen runden Form gebacken. Meist ist sie aus Blech und ähnelt einer Pizzaform. Die Backzeit verlängert sich um etwa 10 Minuten, wenn anstelle einer Tarteform aus Metall eine aus Keramik oder Glas genommen wird.*

2 *Statt Blätterteig können Sie auch einen türkischen Yufkateig nehmen. Er ist deutlich fettärmer als Blätterteig, muss aber vorher mit Fett oder mit reichlich Wasser bestrichen werden. Auch einen Mürbeteigboden können Sie über die Äpfel stülpen.*

3 *Auch so gelingt eine Tarte Tatin: Karamellisieren Sie Butter und Zucker in einer ofenfesten Pfanne zunächst auf einer heißen Herdplatte. Legen Sie kleine Apfelhälften kopfüber hinein und lassen Sie sie leicht andünsten. Jetzt die Teigplatte über die Äpfel legen, und die Tarte in der Pfanne in den heißen Ofen geben und backen.*

Nährwert für ein Stück: 250 Kilokalorien, 3 g Eiweiß, 16 g Fett, 22 g Kohlenhydrate, 3 g Ballaststoffe

MANDELTORTE ITALIENISCH

Backen ohne Mehl? Das geht, diese italienische Mandeltorte beweist es. Sie schmeckt sehr aromatisch und ist mit wenigen Zutaten im Handumdrehen gemacht. Als Dessert ist sie besonders attraktiv, wenn sie mit einer saftig-frischen Beilage serviert wird. Das können im Sommer frische Früchte sein, im Winter ein exotischer Obstsalat oder – sehr edel – filetierte, also aus der Haut gelöste Orangenspalten, die mit etwas Orangenlikör (Grand Marnier, Cointreau) beträufelt werden.

ZUTATEN für eine Form von 26 bis 28 cm Durchmesser

6 große Eier
1 TL Zitronensaft
400 g Puderzucker
1 TL Zimt
1 TL geriebene Zitronenschale
1 Päckchen Backpulver
400 g geschälte, gemahlene Mandeln
eventuell 2 EL Rum, Weinbrand oder Amaretto

ZUBEREITUNG

1 Eiweiß und Eigelb von 6 Eiern trennen. Das Eiweiß mit Zitronensaft steif schlagen. Eigelb mit Zucker, Zimt und Zitronenschale schaumig schlagen, Backpulver und gemahlene Mandeln unterrühren. Die Zugabe von etwas Rum oder Weinbrand macht den Teig lockerer. Den Eischnee vorsichtig unterheben.

2 Den Boden einer Springform mit Backpapier auslegen, die Mandelmasse einfüllen. Im vorgeheizten Backofen auf unterer Schiene bei 170 °C (150 °C Umluft) 45 Minuten backen. Die ausgekühlte Torte eventuell mit Puderzucker bestreuen.

Zubereitungszeit: 65 Minuten, davon 20 Minuten Arbeit

TIPPS

1 *Für Kaffeeklatsch und Buffet darf die Torte reichhaltiger sein. Legen Sie den Boden der Springform dick mit gehobelten Mandeln aus, dann mit einer dünn ausgerollten Marzipanschicht. Oder belegen Sie den Boden mit kleinen italienischen Mandelkeksen (Amarettini), die Rundung nach unten. Zum Servieren wird diese Torte gestürzt.*

2 *Mandeln enthalten viel Fett. Da glaubt man gern den wissenschaftlichen Studien, die darauf hinweisen, dass nur knapp die Hälfte der in Mandeln enthaltenen Fette vom Körper aufgenommen und kalorisch verwertet wird – der Rest wird einfach wieder ausgeschieden.*

3 *Keine Angst vor giftigen Bittermandeln. Süßmandelbäume tragen zwar vereinzelt auch mal eine bittere Mandel. Es gilt aber als unbedenklich, wenn man sie zufällig mitisst.*

Nährwert für ein Stück (bei 16 Stücken): 300 Kilokalorien, 8 g Eiweiß, 16 g Fett, 28 g Kohlenhydrate, 2 g Ballaststoffe

RHABARBERKUCHEN

Rhabarber, zuckriger Eischnee, Mürbeteig und Mandelblättchen – mit diesem Frühlingskuchen macht sauer wirklich lustig. Denn die Säure des Rhabarbers wird vom süßen Baiser und dem milden, knackigen Teig besänftigt. Das ganze Jahr über ist er eine gute Basis für andere Früchte wie Stachel- und Johannisbeeren oder Aprikosen, auch solche aus dem Glas.

ZUTATEN für eine Form von 26 cm Durchmesser
3 Eier
100 g Butter
100 g Zucker
150 g Mehl
1 gehäufter TL Backpulver
50 g Speisestärke
600 g Rhabarber
50 g Mandelblättchen
150 g Puderzucker
etwas Vanillezucker

ZUBEREITUNG

1 Ofen auf 190 °C vorheizen (keine Umluft). Eier trennen, Eigelb mit Butter, Zucker, Mehl, Backpulver und Speisestärke zu einem Teig verkneten, in eine gefettete Tortenform drücken, am Rand hochziehen.

2 Rhabarber waschen, Blätter und Blattansatz großzügig wegschneiden, von großen Stangen eventuell die Fäden abziehen. Stangen in etwa 1 cm breite Stücke schneiden, sehr breite Stangen vorher halbieren. Mandelblättchen und dann Rhabarber auf dem Teig verteilen.

3 Die 3 Eiweiß mit etwas Salz oder Zitronensaft zu sehr festem Schnee schlagen, nach und nach Puder- und Vanillezucker dazugeben. Die Baisermasse über den Rhabarber streichen oder mit einem Beutel spritzen.

4 Im vorgeheizten Ofen auf der untersten Schiene 45 bis 55 Minuten backen, nach 10 Minuten mit Backpapier abdecken.

Zubereitungszeit: 90 Minuten, davon 30 Minuten Arbeit

TIPPS

1 *Dieser Mürbeteig wird sehr krümelig. Sie brauchen ihn nicht – wie sonst – einige Zeit im Kühlschrank ruhen zu lassen.*

2 *Mit einer Prise Salz oder einem halben Teelöffel Zitronensaft lässt sich das Eiweiß besser steif schlagen. Auch Kälte hilft: Verwenden Sie Eier aus dem Kühlschrank.*

3 *Nach dem Backen gleich das Papier abnehmen, sonst wird das Baiser zu weich.*

4 *Fürs Baiser reichen 100 Gramm Puderzucker, wenn Sie weniger saure Früchte wie Aprikosen verwenden oder wenn die Früchte – wie meist Stachelbeeren – schon gesüßt aus dem Glas kommen.*

Nährwert für ein Stück (bei 12 Stücken): 256 Kilokalorien, 4 g Eiweiß, 10 g Fett, 5 g Kohlenhydrate, 35 g Ballaststoffe

ZWETSCHGEN-CRUMBLE
MIT ROSMARINSAHNE

Als Dessert ist ein Crumble eine Art Obstkuchen ohne Boden, aber oben mit Bröseln – Crumbles eben. Die bringen mit Zucker, Butter und Nüssen außer knusprigem Wohlgeschmack einiges an Kalorien mit sich. Auch die Rosmarinsahne ist keine Schlankheitskost. Die mediterran parfümierte Sahne wegzulassen wäre richtig schade. Probieren Sie einfach – sie passt auch toll zu anderen Desserts.

ZUTATEN für 4 bis 6 Portionen

750 g Zwetschgen
1 EL brauner Zucker
2 EL Butter für die Form
100 g Mehl
80 g Zucker
½ TL Zimt
60 g Butter
50 g Mandelblättchen

Rosmarinsahne
200 ml Sahne
3 Zweige Rosmarin
2 – 3 TL Aprikosenkonfitüre

ZUBEREITUNG

1 Ofen auf 160 °C vorheizen. Eine Form (26 bis 28 cm Durchmesser) ausfetten, Zwetschgen entsteinen, aufgeklappt auslegen. 1 EL Zucker über das Obst geben.

2 Mehl, Zucker, Zimt und kalte Butter mit den Fingern schnell zu groben Streuseln krümeln. Die Crumbles zusammen mit den Mandelblättchen über den Zwetschgen verteilen. Im vorgeheizten Ofen auf mittlerer Schiene 30 bis 40 Minuten backen.

Rosmarinsahne: Mindestens 3 bis 4 Stunden vorher – besser noch am Vorabend – Sahne mit Rosmarin 2 Minuten aufkochen, mit 2 bis 3 TL Aprikosenkonfitüre süßen, kühlen und durchziehen lassen. Vor dem Servieren Rosmarin entfernen, Sahne halbsteif schlagen.

Zubereitungszeit für den Crumble: 60 Minuten, davon 20 Minuten Arbeit; für die Rosmarinsahne: 4 Stunden, davon 10 Minuten Arbeit

TIPPS

1 Außerhalb der Zwetschgenzeit sind Crumbles auch mit Äpfeln, Aprikosen oder Birnen köstlich.

2 Für einen Apple-Crumble schmeckt auch ein Belag aus 150 g kernigen Haferflocken, 1 TL Zimt, je 50 g Honig und Zucker. Dazu 750 g Cox Orange oder Boskop in Scheiben schneiden, mit 1 EL Zitrone und 2 EL Zucker mischen, eventuell 50 g Rosinen dazu oder getrocknete Cranberries. Leicht pikant: Unter die Äpfel nur 1 EL Zucker mischen sowie Rosmarinnadeln von 2 bis 3 Stielen.

3 Wenn Sie Kalorien sparen möchten, versuchen Sie es mal mit Streuseln aus Toastkrümeln. Dafür 6 getoaste Scheiben Vollkorntoast im Mixer krümeln, mit 3 bis 4 TL Aprikosenkonfitüre, 1 EL Öl und Mandelblättchen mischen.

Nährwert für eine Portion Zwetschgen-Crumble (bei 6 Portionen): 365 Kilokalorien, 4 g Eiweiß, 17 g Fett, 45 g Kohlenhydrate, 4 g Ballaststoffe; für eine Portion Rosmarinsahne: 125 Kilokalorien

BROWNIES – PRALINEN VOM BLECH

Tiefbraun vor lauter Schokolade, innen saftig, oben leicht knusprig – Brownies sind nicht nur zur Winterzeit eine Wonne. Sie stammen aus den USA und verdanken wie so viele Rezepte ihre Existenz einem Glücksfall, der als Küchenunfall begann: Jemand vergaß das Backpulver. An Kalorien sollten Sie hier einfach nicht denken. Immerhin rund 7000 haben sich auf einem Blech versammelt. Und sie landen vermutlich mit jedem Stück dieser Pralinen vom Blech ohne Umweg direkt auf den Hüften. Das Rezept mit Gelinggarantie schmückt jedes Buffet und Fest, meist aber nicht lange.

ZUTATEN für ein Blech

6 Eier
500 g Zucker
600 g dunkle Schokolade
(50 % Kakaoanteil)
120 g Butter
180 g Mehl

ZUBEREITUNG

1 Ofen auf 170 °C vorheizen. Eier und Zucker schaumig rühren, bis sich der Zucker gelöst hat.

2 Schokolade in Stücke brechen, im Wasserbad schmelzen, dabei je 100 g Schokolade 1 EL Wasser und 20 g Butter dazugeben. Geschmolzene Schokolade nach und nach mit der Zucker-Ei-Mischung verrühren.

3 Vorsichtig das Mehl untermischen.

4 Schokomasse auf ein gut gefettetes Backblech mit hohem Rand (Fettpfanne) geben. Im vorgeheizten Ofen auf der untersten Position 25 bis 30 Minuten backen (Umluft ist nicht gut geeignet). Der Teig muss in der Mitte noch leicht einzudrücken und feucht-cremig sein. Bei Zimmertemperatur abkühlen lassen.

Zubereitungszeit: 60 Minuten, davon 30 Minuten Arbeit

TIPP

1 Noch mehr Schoko und Kalorien gefällig? Dann überziehen Sie den noch lauwarmen Teig mit einer Schokoglasur (200 g dunkle Schokolade, 6 EL Wasser, 3 EL Butter schmelzen), schneiden ihn erst dann und garnieren jedes Stück mit einem Walnussstückchen. Falls doch etwas übrig bleiben sollte: Zwei Wochen halten sich Brownies ohne Weiteres – und werden dabei sogar noch knuspriger.

2 Etwas ungewöhnlich, aber sehr interessant: Nehmen Sie 50 bis 75 g weniger Zucker und geben dafür 2 bis 3 TL frische oder getrocknete Kräuter (Rosmarin, Thymian, Lavendel) beim Schmelzen dazu. Oder: Mit 1 bis 2 TL Chiliflocken erzielen Sie einen feinen Schoko-Chili-Effekt.

Nährwert für ein Blech: 7095 Kilokalorien, 90 g Eiweiß, 320 g Fett, 950 g Kohlenhydrate, 7 g Ballaststoffe; für ein Stück (etwa 3,5 cm x 3,5 cm): 70 Kilokalorien

CLAFOUTIS MIT KIRSCHEN

Das Rezept kommt aus dem Französischen, das Wort „clafoutis" (sprich: klafuti) aus der Region des Limousin. Die Übersetzung ist nicht ganz geklärt. Klar ist aber, was es ist: Eine Art Eierkuchen, traditionell im Ofen gebacken, und zwar mit nicht entsteinten Kirschen, damit die keinen Saft verlieren – gewissermaßen der feine Bruder des deftigen badischen Kirschenmichels. Puristen nehmen gar kein Mehl, andere eine ganze Menge. Wir präsentieren einen köstlichen Kompromiss, an dem Sie sich nicht die Zähne ausbeißen – denn wir benutzen entsteinte Kirschen.

ZUTATEN für eine Tarteform
(4 Portionen)

10 g Butter
500 g dunkle Kirschen
3 Eier
1 Päckchen Vanillezucker
50 g Puderzucker
20 g Butter
½ Bio-Zitrone
50 g Mehl
200 ml Milch

ZUBEREITUNG

1 Ofen auf 200 °C vorheizen. Eine Tarteform mit 10 g Butter ausfetten. Etwa zwei Drittel der gewaschenen, entsteinten, gut abgetropften Kirschen darin verteilen.

2 Eier, Vanillezucker, Puderzucker und Butter mit der abgeriebenen Schale einer halbe Zitrone sehr schaumig schlagen. In einer zweiten Schüssel Mehl und Milch verquirlen, unter die Schaummasse heben, über die Kirschen geben.

3 Restliche Kirschen auf der Masse verteilen, im vorgeheizten Ofen 35 bis 40 Minuten backen. Möglichst warm servieren, vorher mit Puderzucker bestäuben.

Zubereitungszeit: 60 Minuten, davon 20 Minuten Arbeit

TIPPS

1 Cremiger, aber auch kalorienreicher wird das Dessert, wenn Sie die Milch ganz oder teilweise durch Crème fraîche ersetzen.

2 Auch jedes andere weiche aromatische Obst wie Aprikosen, Birnen, Himbeeren oder Pfirsiche eignet sich für dieses Rezept. Es muss nicht unbedingt frisch sein – Kirschen aus dem Glas oder Pfirsiche aus der Dose machen sich sehr gut.

3 Dasselbe Rezept, ohne Zucker und beispielsweise mit Zucchini und Ziegenkäse zubereitet, ergibt ein schnelles Abendessen für zwei, ähnlich einer Quiche.

Nährwert für eine Portion: 300 Kilokalorien, 9 g Eiweiß, 9 g Fett, 42 g Kohlenhydrate, 3 g Ballaststoffe

LIMETTENTARTE

Ob grün oder gelb, ob Limette oder Zitrone: Sauer sind sie beide. Limetten sind die aromatischeren tropischen Schwestern der subtropischen Zitrone. Hier geben Limetten in einer Füllung aus Eiern, Zucker und Crème fraîche auf knusprigem Mürbeteig den Ton an. Nicht gerade kalorienarm – aber sündhaft gut und erfrischend zum Abschluss eines leichten Menüs.

ZUTATEN für eine Form von 26 cm Durchmesser

5 Bio-Limetten

Teigboden
150 g Mehl
100 g Butter
30 g Zucker
1 Eigelb

Füllung
3 Eier
150 g Zucker
150 g Crème fraîche

ZUBEREITUNG

1 Ofen auf 200 °C vorheizen. Etwa 3 TL Schale von den Limetten abreiben. 1 TL davon mit Mehl, Butter, Zucker und Eigelb zu einem Teig verkneten, mindestens 30 Minuten kalt stellen.

2 Teig dünn ausrollen, eine eingefettete Tarte- oder Springform damit auslegen, mehrmals mit einer Gabel einstechen. Einen 2 cm hohen Rand formen. Im Ofen knapp 15 Minuten backen.

3 Limetten ausdrücken. Mit dem Schneebesen Eier, Zucker, Crème fraîche, die ungefähr 2 verbliebenen TL Limettenschale und den Saft (etwa 150 ml) verrühren. Die Füllung auf den fertig gebackenen, abgekühlten Boden geben und bei 140 °C wiederum 35 bis 40 Minuten backen.

Zubereitungszeit: 100 Minuten, davon 30 Minuten Arbeit

TIPPS

1 *Den Mürbeteig können Sie schon am Vortag zubereiten. Am besten für mehrere Böden auf einmal, der Teig lässt sich auch gut einfrieren.*

2 *Anstelle von Crème fraîche schmeckt für die Füllung auch Mascarpone – deutlich weniger üppig ist Sahnequark.*

3 *Eine Garnitur für die Tarte: Dünne Limettenscheiben durch heißes Zuckerwasser ziehen, dann kurz in Eiswasser tauchen, auf die Tarte legen.*

4 *Geriebene Limetten- oder Zitronenschale verfeinert viele Speisen. Bio-Limetten sind unbehandelt, wie test-Untersuchungen zeigten, und eignen sich deshalb besonders. Abgehobelt oder gerieben lässt sich die Schale auf Vorrat einfrieren. Sowohl Limetten als auch Zitronen sind wahre Vitamin-C-Bomben, eine einzige deckt den Tagesbedarf schon zu 30 bis 50 Prozent.*

Nährwert für ein Stück (bei 8 Stücken): 350 Kilokalorien, 6 g Eiweiß, 19 g Fett, 38 g Kohlenhydrate, 1 g Ballaststoffe

LEICHTE **SCHOKOTORTE**

Zugegeben: Die aromatische Schokoladentorte ganz ohne Mehl ist nicht gerade Schlankheitskost. Aber sie ist doch viel leichter, als sie schmeckt. Wirkungsvollen Kontrast zur bitteren Süße bieten fruchtig-herbe Preiselbeeren. Diese Torte ist auch gut im Voraus zu backen, denn einige Tage im Kühlschrank fördern ihren inneren Schmelz.

ZUTATEN für eine Form von 26 cm Durchmesser

250 g dunkle Schokolade (etwa 70 % Kakaoanteil)

6 Eier

200 g Puderzucker oder feiner Kristallzucker

1 TL Zitronensaft

400 g Preiselbeeren-Konfitüre

3 EL Rum oder Likör (ersatzweise Orangensaft)

ZUBEREITUNG

1 Ofen auf 180 °C vorheizen. Zwei Tafeln Schokolade (à 100 g) kleinbrechen, im Wasserbad (oder in der Mikrowelle) verflüssigen, leicht abkühlen lassen.

2 Eier trennen. Eigelb und Zucker schaumig schlagen, separat Eiweiß mit Zitronensaft sehr steif schlagen. Die abgekühlte, noch flüssige Schokolade mit dem Eigelb-Zucker-Schaum verrühren, Eiweißmasse vorsichtig darunterheben.

3 Die Mischung in eine mit Backpapier ausgelegte Tortenform geben, im vorgeheizten Ofen etwa 35 Minuten backen.

4 Abgekühlt auf eine Tortenplatte stürzen. Preiselbeeren mit Rum verrühren, über die Torte streichen. Mit dem Sparschäler von der restlichen Schokolade Schokoraspeln herstellen, über die Torte streuen.

Zubereitungszeit: 65 Minuten, davon 30 Minuten Arbeit

TIPPS

1 *Mutige schneiden den Boden horizontal mit einem Messer (oder um den Kuchen gelegten Faden) durch, streichen die Konfitüre auf den unteren Teil und setzen den oberen darauf.*

2 *Die Backzeit genau einhalten, damit die Torte innen saftig bleibt. Noch saftiger wird sie, wenn Sie vor dem Backen 100 ml Sahne unterrühren. Dann sollten Sie aber die Konfitüre sparsamer verwenden.*

3 *Orangen- oder Ingwerkonfitüre anstelle von Preiselbeeren geben eine andere Note. Zwei Teelöffel Espressopulver im Teig und Kaffeebohnen als Garnitur machen sie zur Mokkatorte.*

4 *Ob dunkel oder hell: 100 g Schokolade haben rund 550 Kilokalorien. Trotzdem lohnt es sich, zur dunklen Schokolade zu greifen, denn sie soll besonders viele Phenole enthalten, die günstig auf Herz und Kreislauf wirken.*

Nährwert für ein Stück (bei 12 Stücken): 290 Kilokalorien, 5 g Eiweiß, 10 g Fett, 48 g Kohlenhydrate, 2 g Ballaststoffe

ORANGEN**TIRAMISU**

Tiramisu ist die wohl erfolgreichste Dessertkreation aller Zeiten. Wir haben den italienischen Klassiker abweichend vom Original um eine aromatische Orangeneinlage bereichert, und wir haben unser Tiramisu ohne Ei zubereitet. Das gelingt auch, schmeckt ganz wunderbar und übersteht lange Partynächte auf dem Buffet oder Wartezeiten in der warmen Küche deutlich besser.

ZUTATEN für 4 Portionen

4 Bio-Orangen
6 EL Orangenlikör (wie Cointreau)
250 ml Espresso, sehr stark
12 Stück Löffelbiskuits (100 g)
250 g Mascarpone
150 ml Joghurt
2–3 Päckchen Vanillezucker
2 EL ungesüßtes Kakaopulver

TIPPS

1 Bei diesem Tiramisu für vier Personen haben wir uns mit jeweils einer Schicht für jede Zutat begnügt. Wenn Sie größere Mengen für viele Esser zubereiten, sollten Sie das Tiramisu aber seinem Namen entsprechend – Tiramisu bedeutet „Zieh mich hoch" – um weitere Schichten „hochziehen".

2 Eleganter, als die Orangen in Scheiben zu schneiden, ist zweifellos das Filetieren. Dabei wird jede einzelne Fruchtfleischspalte aus ihren Häutchen gelöst. Das ist aber oft ein zeitaufwendiges Unterfangen, vor allem dann, wenn die Filets sehr fest in den Häutchen verhaftet sind.

ZUBEREITUNG

1 Die Orangen über einer Schüssel (zum Auffangen des Saftes) vollständig schälen (Schale aufbewahren). Dann die Früchte quer in maximal 1 cm dicke Scheiben schneiden. Diese Scheiben vierteln, dabei die Kerne und die weiße Mitte entfernen, die Orangenscheiben in eine andere Schüssel legen, etwas geriebene Schale darübergeben und mit etwa 2 EL Orangenlikör beträufeln. Beiseitestellen.

2 Den Espresso mit dem restlichen Orangenlikör und dem aufgefangenen Orangensaft mischen, in einen tiefen Teller gießen. Die Biskuits kurz in diese Mischung tauchen, dann den Boden einer etwa 5 cm hohen Glasform damit auslegen. Wenn Flüssigkeit übrig bleibt, zum Schluss ebenfalls über die Biskuits träufeln.

3 Mascarpone, Joghurt und Vanillezucker mischen, nach Geschmack etwas nachsüßen. Ein Viertel dieser Mascarponemischung über den Biskuits verteilen. Darüber dann die marinierten Orangen schichten, dann den Rest der Mascarponecreme.

4 Tiramisu bis zum Verzehr kalt stellen, mindestens 2 Stunden, besser über Nacht ziehen lassen. Erst vor dem Servieren dick mit Kakaopulver bestreuen. Ein kleines Sieb ist dafür gut geeignet.

Zubereitungszeit: 3 Stunden, davon 50 Minuten Arbeit

Nährwert für eine Portion: 486 Kilokalorien, 8 g Eiweiß, 32 g Fett, 38 g Kohlenhydrate, 3 g Ballaststoffe

BEERENGRÜTZE

Erdbeeren, Heidelbeeren, Himbeeren und andere Sommerfrüchte: Am besten schmecken sie frisch vom Feld, vom Strauch – einfach von der Hand in den Mund. Diese rote Sommergrütze schlägt einen Kompromiss vor: Eine ganz traditionell zubereitete Rote Grütze, kombiniert mit frischen, also nicht gegarten Früchten.

ZUTATEN für 4 Portionen

600 g frische Beerenfrüchte
500 ml Johannisbeernektar
50 – 70 g Zucker (abhängig von der Süße der Früchte)
1 Päckchen Vanillezucker
4 – 5 EL Speisestärke
1 Glas Rum, Himbeer- oder Kirschgeist (nach Belieben)

ZUBEREITUNG

1 Früchte putzen, in einem Sieb abspülen, eventuell austretenden Saft auffangen. Saft zusammen mit Johannisbeernektar in einem Topf mit Zucker und Vanillezucker erhitzen. Die Speisestärke mit Rum, Obstbrand oder Wasser anrühren, mit etwas heißem Saft verdünnen.

2 Den Topf vom Herd nehmen und die angerührte Stärke langsam einrühren, wieder auf den Herd stellen und alles unter ständigem Rühren aufkochen, dann abkühlen lassen.

3 Die Früchte in die nicht mehr heiße Grütze geben, umrühren, dann in einer Glasschüssel völlig erkalten und fest werden lassen.

Zubereitungszeit: 20 Minuten (+ mindestens 3 Stunden zum Kühlen)

TIPPS

1 *Die Rote Grütze können Sie den ganzen Sommer lang, je nach Obstangebot, variieren – mit Erdbeeren, Heidelbeeren, auch Kirschen oder Stachelbeeren. Sie können auch mixen: Zu Erdbeeren passen zum Beispiel Mangos oder Pfirsiche.*

2 *Im Winter können Sie selbstverständlich zu Tiefkühlfrüchten greifen. Sie brauchen dann auch meistens deutlich weniger zusätzlichen Saft oder Nektar. Lassen Sie die Früchte einfach in einem Sieb auftauen und fangen Sie den recht reichlich austretenden Früchtesaft auf. Strecken Sie ihn mit Orangensaft oder Weißwein. Dann geht es weiter wie im Rezept beschrieben.*

Nährwert für eine Portion: 94 Kilokalorien, kein Eiweiß und Fett, 22 g Kohlenhydrate, 3 g Ballaststoffe

HIMBEER-**JOGHURTSCHAUM**

Ein Traum von Schaum aus Joghurt plus Sahne ist dieses leichte orangige Dessert, das man dank pürierter Himbeeren dekorativ in Gläser schichten kann. Die Creme ist aber auch ohne Beerenpüree ideal, beispielsweise als Beigabe zu Obstsalat oder Roter Grütze. Ihrer Kreativität beim Kombinieren sind keine Grenzen gesetzt: Mit Feigen in Portwein beispielsweise schmeckt's ebenfalls, besonders wenn Sie die Schaumcreme mit Zimt parfümieren.

ZUTATEN für 6 Portionen

300 g Himbeeren
6 Blätter weiße Gelatine
200 ml Milch
7 EL Zucker
1 Päckchen Vanillezucker
500 g Joghurt (1,5 % Fettgehalt)
1 Bio-Orange
200 ml Schlagsahne
eventuell Zitronensaft

ZUBEREITUNG

1 Falls tiefgefrorene Himbeeren verwendet werden, gleich zu Beginn zum Auftauen herausnehmen.

2 Gelatine 10 Minuten in kaltem Wasser einweichen, tropfnass in 6–7 EL Milch erwärmen und auflösen. Restliche Milch, 4 EL Zucker und den Vanillezucker dazugeben, Joghurt unterrühren. Orangenschale abreiben, Orangensaft ausdrücken, beides zur Creme geben. Kühl stellen, bis die Masse halb steif geliert ist (gut 1 Stunde).

3 Sahne steif schlagen, 1 EL Zucker dazugeben. Die halb gelierte Joghurtmasse mit dem Rührbesen aufschlagen, Sahne darunterziehen. Eventuell mit Zitronensaft abschmecken.

4 Aufgetaute oder frische Himbeeren mit 1 bis 2 EL Zucker pürieren, unter einen Teil der Creme ziehen, eventuell 1 EL Himbeergeist dazugeben. Mit der weißen Mousse schichtweise in eine Schale oder mehrere Gläser füllen. Mindestens 3 Stunden, besser noch über Nacht kalt stellen.

Zubereitungszeit: 90 Minuten, davon 20 Minuten Arbeit (+ mindestens 3 Stunden zum Kühlen)

TIPPS

1 *Die Creme pur – ohne Himbeeren – ist, mit Krokant oder Minze garniert, eine gute Begleitung für alle möglichen Früchte.*

2 *Für eine zimtige Variante verrühren Sie 3 Päckchen Vanillezucker mit 1 TL Zimt und geben diese Mischung zusammen mit der Orangeschale zu der Mousse. Gut dazu: pürierte Aprikosen mit Amarettini, frische Feigenviertel mit etwas Portwein oder Balsamicocreme (je 250 ml Balsamico und Apfelsaft auf sämige Konsistenz einkochen) übergossen.*

Nährwert für eine Portion: 270 Kilokalorien, 25 g Eiweiß, 12 g Fett, 48 g Kohlenhydrate, 4 g Ballaststoffe

SORBETS, GRANITAS, FROZEN YOGURTS

Sahne sucht man hier vergebens. Sorbets, auch Granitas genannt, sind fruchtige Appetitanreger, ein edler Zwischengang oder der leichte Abschluss eines festlichen Menüs. Zucker und Früchte halten das Wassereis geschmeidig, am besten mit Alkohol, sprich Wein und Sekt. Alkoholfrei kommt Frozen Yogurt daher, ein Fruchtpüree mit Joghurt statt Sahne. Experimentieren Sie nach Lust und Laune und würzen die Granita zum Beispiel mal mit Lavendel statt Basilikum.

ZUTATEN
für jeweils 4 Portionen

Grapefruit-Granita mit Basilikum
100 g Zucker
500 ml leichter Weißwein (wie Soave)
1 Grapefruit
1 Bund Basilikum

Kiwi-Sorbet
100 g Zucker
250 ml Sekt oder Weißwein
4 Kiwifrüchte
2 EL Zitronensaft
2 Päckchen Vanillezucker
10 – 15 Pistazienkerne

Frozen Blueberry Yogurt
300 g tiefgefrorene Blaubeeren
100 g Zucker
3 EL Blaubeerkonfitüre
400 g griechischer Joghurt

ZUBEREITUNG

Grapefruit-Granita: Zucker in etwas leicht erwärmtem Wein auflösen, mit dem Saft der ausgepressten Grapefruit und restlichem Wein, mischen. Mit dem Pürierstab die geschnittenen Basilikumblätter untermixen. Die Granita bleibt recht grobkörnig-flüssig und kann ohne Antauen serviert werden.

Kiwi-Sorbet: Zucker in etwas leicht erwärmtem Wein oder Sekt auflösen, Kiwis schälen, klein schneiden, pürieren, mit dem restlichen Wein Zitronensaft und Vanillezucker verrühren. Zum Servieren antauen lassen, mit einem Löffel Kugeln ausstechen und mit Pistazienkernen garnieren.

Frozen Blueberry Yogurt: Blaubeeren mit Zucker und 5 EL Wasser 3 bis 4 Minuten aufkochen, bis sich reichlich Saft gebildet hat. Konfitüre dazugeben, alles pürieren (Mixstab), Joghurt unterrühren. Kurz antauen lassen, die Masse bleibt ziemlich grobkörnig.

Zubereitungszeit: Mindestens 3 Stunden, davon 10 Minuten Arbeit

TIPPS

1 *Zipp-Gefrierbeutel anstelle von Schalen sind ideal für Frozen Yogurts und Sorbets: Masse hineinfüllen, vor dem Servieren antauen lassen und im Beutel schön cremig kneten. Die Granita gefriert ohnehin nicht fest. Am besten sieht sie in einem hohen Glas aus.*

2 *Macht Fruchtsorbets cremiger, muss aber nicht sein: Ein geschlagenes Eiweiß vor dem Gefrieren unter die Masse ziehen.*

3 *Variationsmöglichkeiten: Espresso mit reichlich Zucker und Grappa einfrieren, 350 g Himbeeren mit 80 g Puderzucker und eventuell Obstler, Aprikosen aus der Dose mit Orangensaft und Zucker pürieren – oder einfach asiatischen Pflaumenwein mit Zucker einfrieren. Oder Sie mixen mit dem Pürierstab ganz fix ein Sorbet aus angetauten Himbeeren aus der Gefriertruhe.*

Nährwert für eine Portion: 140 Kilokalorien (Grapefruit-Granita) bis 320 Kilokalorien (Frozen Blueberry Yogurt)

GEFRORENE SCHÄUME UND PARFAITS

Eis kann süchtig machen, Eismachen auch. Das klappt sogar ohne sperrige Maschine richtig gut. Denn nur pures Wasser gefriert zu einem Block. Zutaten wie Zucker, Früchte, Sahne und Alkohol bewirken, dass sich kleine Eiskristalle bilden. Semifreddo nennen die Italiener das Ergebnis – Halbgefrorenes. Sie müssen es nur zu Beginn der Mahlzeit schon mal antauen lassen, damit es zum Nachtisch schmeckt. Vorteil: Sie wissen, was drin steckt, und bekommen ein Dessert ohne Aromastoffe oder Milchfett statt Sahne.

ZUTATEN
für jeweils 4 bis 6 Portionen

200 ml Schlagsahne

Erdbeerschaum
250 g Erdbeeren
125 g Zucker
1 EL Zucker für die Sahne
etwas Zitronensaft

Mandel-Sahne-Parfait
3–4 EL Ahornsirup
(ersatzweise Honig)
200 g griechischer Joghurt
8 Cantuccini (italienische Mandelkekse)

Schokoeis
125 g dunkle Schokolade
200 g griechischer Joghurt
3 EL Kakaopulver
eventuell 2–3 EL Zucker

ZUBEREITUNG

Jede Creme nach der Zubereitung mindestens 3 bis 4 Stunden in den Gefrierschrank geben. Dort hält sie sich auch viele Monate lang.

Erdbeerschaum: Früchte mit einer Gabel grob zerdrücken. Zucker über die Beeren geben, etwa 1 Stunde stehen lassen, bis sich Saft gebildet hat. Sahne sehr steif schlagen, 1 EL Zucker dazugeben, dann Erdbeermus samt Saft mit der Sahne kreisförmig mischen. Mit Zitrone abschmecken.

Mandel-Sahne-Parfait: Sahne sehr steif schlagen, mit Ahornsirup süßen, mit Joghurt mischen. 8 Cantuccini (italienische Mandelkekse) in Stücke geschnitten dazugeben.

Schokoeis: 100 g Schokolade im Wasserbad schmelzen. Unter die geschlagene Sahne rühren, dann Joghurt, Kakaopulver, eventuell noch Zucker. 25 g Schokolade mit dem Sparschäler hobeln, darunter mischen.

Zubereitungszeit: 4 Stunden, davon 15 Minuten Arbeit

TIPPS

1 Cremes in Schalen oder Bechern aus Glas oder Edelstahl einfrieren. Eine halbe Stunde vor dem Servieren kurz unter warmes Wasser halten, Inhalt stürzen, mit Früchten, Krokant oder Schokoraspeln garnieren.

2 Für Erdbeerschaum sind auch gefrorene Früchte gut, 60 bis 90 Minuten antauen lassen. Früchte und Sahne nicht zu einheitlichem Rosa mischen. Dekorativer ist ein Muster mit Strudelstreifen. Solch ein Sahneschaum lässt sich auch mit Aprikosen oder Pfirsichen mixen.

3 Lust auf Experimente? Geben Sie zur Schokoschmelze ein paar Chiliflocken, Chilisauce oder Espressopulver, parfümieren Sie die Crème mit Cognac oder Amaretto, rühren Sie zerkleinerte Amarettini oder Cantuccini darunter.

Nährwert für eine Portion (bei 6 Portionen): 200 Kilokalorien (Erdbeerschaum) bis 285 Kilokalorien (Schokoeis)

REGISTER

A
Ananas 127
- Balsamicofilet mit Maronenpüree 105

Äpfel 14
- Apfel-Curry-Relish 191
- Apfel-Meerrettich-Joghurt 183
- Apple-Crumble 205
- Ceviche mit Nektarinen 82
- Currykohl 130
- Entenbrust mit Rosmarinapfel 96
- Früchtesalat exotisch und gepfeffert 76
- Matjesröllchen 91
- Rote-Bete-Salat 68
- Tarte Tatin 199

Aprikosen 205, 220
- Erdbeerschaum 222
- Couscous-Salat mit Aprikosen 159

Artischocken
- Artischocken-Käse-Dip 187

Auberginen
- Aubergine light 148
- Gemüse al Forno 114
- Insalata di Melanzane 52
- Ratatouille 135

Avocado
- Avocado-Salsa 188
- Ceviche mit Nektarinen 82

B
Basilikum
- Aubergine light 148
- Grapefruit-Granita mit Basilikum 220
- Kohlsuppe mit Pistou 44
- Panzanella 57
- Bechamelsauce 122

Beerenfrüchte
- Beerengrütze 216

Berberitzen *siehe Cranberries*

Birnen
- Früchtesalat exotisch und gepfeffert 76
- Roquefort-Birnen-Salat 67
- Rotkohl mit glasierten Birnen 127

Blattsalate
- Ceviche mit Nektarinen 82
- Fisch an Grapefruitlinsen 92
- Früchtesalat exotisch und gepfeffert 76
- Knoblauch pur gebacken mit Ziegenkäse 116
- Pfannensalat mit Parmesan-Crackern 54
- Roquefort-Birnen-Salat 67
- Salatsaucen mit und ohne Essig 180

Blaubeeren
- Frozen Blueberry Yogurt 220

Blätterteig
- Blätterteigkörbchen mit Käse und mehr 174
- Pissaladière 142
- Rucola-Kräuter-Quiche 136
- Tarte Tatin 199
- Traubenquiche mit Joghurt 138

Bohnen 16
- Arabische Bohnensuppe 43
- Löwenzahn an Bohnenpüree 64

Bärlauch
- Knoblauch pur gebacken mit Ziegenkäse 116

C
Cashewkerne
- Hühnercurry mit Kardamom 101
- Weißkohl aus dem Wok 130

Champignons *siehe Pilze*

Chicoree
- Chicoree karamellisiert 58

Chili 14

Chutney
- Pflaumen-Chutney 192
- Sauerkirsch-Chutney 192

Couscous
- Couscous-Salat mit Aprikosen 159
- Couscous mit Cranberries 159

Cranberries 21
- Couscous mit Cranberries 110, 159
- Rotkohl mit glasierten Birnen 127
- Wildreis mit Walnüssen und Ingwer 70

Curry
- Apfel-Curry-Relish 191
- Currykohl 130
- Hühnercurry mit Kardamom 101
- Kartoffelsuppe mit Salbei 37

D
Datteln
- Apfel-Curry-Relish 191
- Traubensalat 75

Dill
- Gurkenkaltschale mit Roter Bete 24
- Rucola-Kräuter-Quiche 136

Dorade *siehe Fisch*

E
Eichblattsalat *siehe Blattsalate*

Eis, Halbgefrorenes
- Erdbeerschaum 222
- Frozen Blueberry Yogurt 220
- Grapefruit-Granita mit Basilikum 220
- Kiwi-Sorbet 220
- Mandel-Sahne-Parfait 222
- Schoko-Eis 222

Endiviensalat *siehe Blattsalate*

Ente
- Entenbrust mit Rosmarinapfel 96

Erbsen 16
- Erbseneintopf mediterran 30
- frühlingsfrische Erbsensuppe 32
- Kartoffelsalat mit Weißwein 63
- Zitronenrisotto 163

Erdbeeren
- Erdbeerschaum 222

Erdnüsse *siehe Nüsse und Samen*

Essig 15

F
Feldsalat *siehe Blattsalate*

Fenchel
- Fenchelgratin mit Parmesan-kruste 140
- Gemüse al forno 114
- Kohlsuppe mit Pistou 44

Fertigprodukte 15

Fisch 15
- Asialachs 81
- Ceviche mit Nektarinen 82
- Dorade – ganz einfach gebacken 85
- Fisch an Grapefruit-Linsen 92
- Fischgratin mit Kräutern 95
- Lachsrolle rot-grün 87
- Matjesröllchen 91
- Pissaladière 142
- Rote-Bete-Salat 68
- Wildlachstatar 88

Frischkäse *siehe Milchprodukte*
Friseesalat *siehe Blattsalate*

G

Gemüsezwiebeln
– Traubenquiche mit Joghurt 138
Gewürze 16
Glasnudeln
– Glasnudelsalat 60
Grapefruit
– Fisch an Grapefruit-Linsen 92
– Grapefruit-Granita mit Basilikum 220
Grünkohl *siehe Kohl*
Gurke
– Gazpacho 29
– Gurken-Relish 191
– Gurkenkaltschale mit Roter Bete 24
– Matjesröllchen 91
– Panzanella 57

H

Himbeeren 220
– Himbeer-Joghurtschaum 219
Hirse
– Waldpilzhirsotto 160
Honig 20
– Honigschalotten 144
– Sauerkirsch-Chutney 192
– Senf-Honig-Dip 187
– Vinaigrette asiatisch 180
Huhn
– Aroma-Hühnersuppe 40
– Hühnercurry mit Kardamom 101
– Knoblauchhuhn an Knoblauch-
püree 98
Hülsenfrüchte 16

I

Ingwer 17
– Aroma-Hühnersuppe 40
– Butternut-Creme mit gerösteten
Kürbiskernen 48
Ceviche mit Nektarinen 82
– Pflaumen-Chutney 192
– Rote-Bete-Salat 68
– Weißkohl aus dem Wok 130
– Wildreis mit Walnüssen und
Ingwer 70

J

Joghurt
– Apfel-Meerrettich-Joghurt 183
– Frozen Blueberry Yogurt 220
– Gurkenkaltschale mit Roter Bete 24

– Himbeer-Joghurtschaum 219
– Joghurt mediterran 183
– Joghurtsauce 180
– Mandel-Sahne-Parfait 222
– Orangenjoghurt 183
– Orangentiramisu 215
– Senf-Honig-Dip 187
– Traubenquiche mit Joghurt 138

K

Käse
– Artischocken-Käse-Dip 187
– Blätterteigkörbchen mit Käse und
mehr 174
– Fenchelgratin mit Parmesan-
kruste 140
– Gazpacho 29
– Insalata di Melanzane 52
– Kartoffelgratin mit Camembert 152
– Knoblauch pur gebacken
mit Ziegenkäse 116
– Lachsrolle rot-grün 87
– Pasta Parma 168
– Pfannensalat mit Parmesan-
Crackern 54
– Pissaladière 142
– Roquefort-Birnen-Salat 67
– Traubenquiche mit Joghurt 138
– Zucchini-Melonen-Carpaccio 73
– Waldpilzhirsotto 160
Kaki
– Früchtesalat exotisch und
gepfeffert 76
– Kaki-Ketchup 191
Kalb *siehe Rind*
Kardamom
– Hühnercurry mit Kardamom 101
Karotten *siehe Möhren*
Kartoffeln 17
– Backkartoffeln 155
– Fischgratin mit Kräutern 95
– Frühlingstortilla mit grünem
Spargel 157
– Gemüse al Forno 114
– Gewürzte Kartoffelspalten 155
– Gratin Dauphinoise 152
– Kartoffelbrei 164
– Kartoffelgratin mit Camembert 152
– Kartoffelsalat mit Wein 63
– Kartoffelsuppe mit Salbei 37
– Kohlsuppe mit Pistou 44
– Kräuterkartoffeln 155

– Runzelkartoffeln 187
– Selleriepüree 107
– Skordalia 164
– Spanische Salzkartoffeln 155
– Vichyssoise 119
Kichererbsen
– Erbseneintopf mediterran 30
– Tomatensuppen heiß und kalt 26
Kirschen 21
– Clafoutis mit Kirschen 209
– Rotkohl mit glasierten Birnen 127
Kiwi
– Kiwi-Sorbet 220
Knoblauch 17
– Hokkaido gebacken 132
– Insalata di Melanzane 52
– Knoblauch pur gebacken mit
Ziegenkäse 116
– Knoblauchhuhn an Knoblauch-
püree 98
– Nuss-Knoblauch-Pesto 184
– Panzanella 57
– Pasta Pomodoro 170
– Skordalia 164
Kohl 18
– Currykohl 128
– Kohlsuppe mit Pistou 44
– Ostpreußischer Schmorkohl 130
– Rotkohl mit glasierten Birnen 127
– Spitzkohl an Orangensahne 128
– Weißkohl aus dem Wok 130
Kürbis
– Butternut-Creme mit gerösteten
Kürbiskernen 48
– Hokkaido gebacken 132
Kürbiskerne *siehe Nüsse und Samen*

L

Lachs
– Asialachs 81
– Ceviche mit Nektarinen 82
– Frühlingsfrische Erbsensuppe 32
– Lachsrolle rot-grün 87
– Wildlachstatar 88
Lamm
– Lammragout orientalisch 110
Lauch
– Kartoffelsuppe mit Salbei 32
– Porree pikant mit Knuspernuss 119
– Vichyssoise 119
– Weißkohl aus dem Wok 130
Limetten 21
– Limettentarte 210

Linsen 16
- Fisch an Grapefruitlinsen 92
- Wildreis mit Walnüssen und Ingwer 70
- Tomatensuppen heiß und kalt 26

Löwenzahn
- Löwenzahn an Bohnenpüree 64

M
Mandeln *siehe Nüsse und Samen*

Mango
- Ceviche mit Nektarinen 82
- Sauerkraut orientalisch 124

Mangold
- Mangoldlasagne 122

Maronen
- Balsamicofilet mit Maronenpüree 105

Matjes *siehe Fisch*

Meerrettich
- Apfel-Meerrettich-Joghurt 183
- Matjesröllchen 91
- Rote-Bete-Suppe mit Meerrettich 47

Melone
- Melonen-Salsa 188
- Zucchini-Melonen-Carpaccio 73

Milchprodukte 18
Mu-Err-Pilze *siehe Pilze*

Möhren
- Karottencreme mit Vanille 34
- Kohlsuppe mit Pistou 44
- Möhrenpüree 147
- Sesammöhren 147
- Weißkohl aus dem Wok 130
- Zaubersuppe 40

N
Nektarinen
- Ceviche mit Nektarinen 82

Nüsse und Samen 19
- Glasnudelsalat 60
- Blätterteigkörbchen mit Käse und mehr 174
- Butternut-Creme mit gerösteten Kürbiskernen 48
- Chicoree karamellisiert 58
- Hokkaido gebacken 132
- Hühnercurry mit Kardamom 101
- Kiwi-Sorbet 220
- Kohlsuppe mit Pistou 44
- Mandeltorte italienisch 201
- Mangoldlasagne 122
- Nuss-Knoblauch-Pesto 184
- Pasta Primavera 172
- Porree pikant mit Knuspernuss 119
- Roquefort-Birnen-Salat 67
- Rote-Bete-Salat 68
- Senf-Honig-Dip 187
- Sesammöhren 147
- Spitzkohl mit Orangensahne 128
- Tarte Tatin 199
- Traubensalat 75
- Wildreis mit Walnüssen und Ingwer 70
- Zucchini-Melonen-Carpaccio 73
- Zwetschgen-Crumble mit Rosmarinsahne 205

O
Oliven
- Geschmortes Pfannenfleisch 102
- Insalata di Melanzane 52
- Pasta mit Oliven 167
- Gazpacho 29
- Joghurt mediterran 183
- Pissaladière 142
- Sauerkraut mediterran 124

Olivenöl 19

Orangen 21
- Früchtesalat exotisch und gepfeffert 76
- Himbeer-Joghurtschaum 219
- Orangenjoghurt 183
- Orangentiramisu 215
- Spitzkohl an Orangensahne 128

P
Paprika
- Kartoffelsalat mit Wein 63
- Panzanella 57
- Ratatouille 135
- Gemüse al forno 114
- Mojos rot und grün 187
- Gazpacho 29

Parmesan *siehe Käse*

Pasta
- Pasta mit Oliven 167
- Pasta Parma 168
- Pasta Pomodoro 170
- Pasta Primavera 172

Petersilie
- Dorade – ganz einfach gebacken 85
- Frühlingstortilla mit grünem Spargel 157
- Mojos rot und grün 187
- Panzanella 57
- Petersilien-Pesto 184
- Rucola-Kräuter-Quiche 136
- Selleriepüree 107

Pflaumen 21
- Flammeri mit gebackenen Zwetschgen 196
- Pflaumen-Chutney 108, 192

Pilze
- Blätterteigkörbchen mit Käse und mehr 174
- Glasnudelsalat 60
- Klare Steinpilzsuppe 39
- Waldpilzhirsotto 160

Porree *siehe Lauch*

Q
Quark
- Flammeri mit gebackenen Zwetschgen 196

R
Radieschen
- Gurkenkaltschale mit Roter Bete 24
- Matjesröllchen 91

Rapsöl 19

Reis
- Wildreis mit Walnüssen und Ingwer 70
- Zitronenrisotto 163

Rhabarber
- Rhabarberkuchen 202

Rind
- Dreierlei Tafelspitz 108
- Tafelspitz mit Kräuterkruste 108
- Tafelspitz traditionell 108
- Tafelspitz mariniert 108
- Wirsinggratin mit Zimt und Thymian 120
- Zucchini-Melonen-Carpaccio 73

Rosenkohl *siehe Kohl*

Rosmarin
- Zwetschgen-Crumble mit Rosmarinsahne 205
- Entenbrust an Rosmarinapfel 107

Rote Bete
- Rote-Bete-Salat 68
- Rote-Bete-Suppe mit Meerrettich 47
- Gurkenkaltschale mit Roter Bete 24

Rotkohl *siehe Kohl*

Rucola
- Fischgratin mit Kräutern 95
- Frühlingstortilla mit grünem Spargel 157
- Pasta Parma 168
- Roquefort-Birnen-Salat 67
- Rucola-Kräuter-Quiche 136

Römersalat *siehe Blattsalate*

S

Salat *siehe Blattsalate*
Salatsaucen
- Joghurtsaucen 183
- Vinaigrette asiatisch 180
- Vinaigrette klassisch 180

Salbei
- Kartoffelsuppe mit Salbei 37

Salz 20
Sardellen *siehe Fisch*
Sauerkirschen
- Lammragout orientalisch 110
- Sauerkirsch-Chutney 192

Sauerkraut
- Sauerkraut global 124
- Sauerkraut mediterran 124
- Sauerkraut orientalisch 124

Scampi
- Glasnudelsalat 60

Schalotten
- Honigschalotten 144

Schokolade
- Brownies – Pralinen vom Blech 206
- Leichte Schokotorte 213
- Schoko-Eis 222

Schwein
- Balsamicofilet mit Maronenpüree 105
- Geschmortes Pfannenfleisch, mediterran und mit Kräutern 102
- Pasta Parma 168
- Schweinerücken sanft geschmort 107

Sellerie
- Glasnudelsalat 60
- Kartoffelsalat mit Wein asiatisch-indisch 63
- Kartoffelsuppe mit Salbei 37
- Knoblauchhuhn an Knoblauchpüree 98
- Mojos rot und grün 187
- Panzanella 57
- Selleriepüree 107

- Tomatensuppen heiß und kalt 26

Sesam *siehe Nüsse und Samen*
Sherry
- Karottencreme mit Vanille 34

Spargel
- Frühlingstortilla mit grünem Spargel 157

Spinat
- Asialachs 81
- Lachsrolle rot-grün 87
- Roquefort-Birnen-Salat 67

Spitzkohl *siehe Kohl*
Steinpilze *siehe Pilze*
Süßstoffe 20

T

Thymian
- Wirsinggratin mit Zimt und Thymian 120

Tomaten 20
- Avocado-Salsa 188
- Ceviche mit Nektarinen 82
- eingelegt 170
- Fischgratin mit Kräutern 95
- Frühlingstortilla mit grünem Spargel 157
- Gazpacho 29
- Gemüse al Forno 114
- Geschmortes Pfannenfleisch 102
- Kartoffelsalat mit Wein mediterran 63
- Panzanella 57
- Pasta mit Oliven 167
- Pasta Pomodoro 170
- Pfannensalat mit Parmesan-Crackern 54
- Ratatouille 135
- Tomaten-Salsa 188
- Tomatensuppen heiß und kalt 26
- Insalata di Melanzane 52
- Sauerkraut mediterran 124
- Tomaten-Pesto 184

Trauben
- Traubenquiche mit Joghurt 138
- Traubensalat 75

Trockenfrüchte 21

V

Vanille
- Karottencreme mit Vanille 34
- Traubensalat 75

W

Walnüsse *siehe Nüsse und Samen*
Weißkohl *siehe Kohl*
Weißwein 32, 48, 108, 140, 144
- Kartoffelsalat mit Wein 63

Wildreis *siehe Reis*
Wirsing
- Wirsinggratin mit Zimt und Thymian 120

Y

Yufka- oder Filoteig *siehe Blätterteig*

Z

Zimt
- Wirsing-Gratin mit Zimt und Thymian 120

Zitrusfrüchte 21, *siehe auch Limetten, Nektarinen, Orangen, Zitronen*
Zucchini
- Couscous-Salat mit Aprikosen 159
- Gemüse al Forno 114
- Kartoffelsuppe mit Salbei 37
- Ratatouille 135
- Zitronenrisotto 163
- Zuccini-Melonen-Carpaccio 73

Zucker 20
Zwetschgen
- Flammeri mit gebackenen Zwetschgen 196
- Zwetschgen-Crumble mit Rosmariensahne 205

Zwiebeln 21, 43
- Honigschalotten 144
- Pissaladière 142
- Ratatouille 135

Impressum

© 2010 Stiftung Warentest, Berlin

Stiftung Warentest
Lützowplatz 11–13
10785 Berlin
Tel. 0 30/26 31–0
Fax 0 30/26 31–25 25
www.test.de

Vorstand
Dr. jur. Werner Brinkmann
Weiteres Mitglied der Geschäftsleitung
Hubertus Primus (Publikationen)

Alle veröffentlichten Beiträge sind urheberrechtlich geschützt. Das gilt auch gegenüber Datenbanken und ähnlichen Einrichtungen. Die Reproduktion – ganz oder in Teilen – durch Nachdruck, fototechnische Vervielfältigung oder andere Verfahren – auch Auszüge, Bearbeitungen sowie Abbildungen – oder Übertragung in eine von Maschinen, insbesondere Datenverarbeitungsanlagen, verwendbare Sprache oder die Einspeisung in elektronische Systeme bedarf der vorherigen schriftlichen Zustimmung des Verlags. Alle übrigen Rechte bleiben vorbehalten.

Autorinnen
Vera Kaftan-Namyslowski, Dorothee Soehlke-Lennert
weitere Rezeptideen: Barbara Letkemann
Lektorat
Niclas Dewitz
Art Direktion, Layout, Bildredaktion
Anke Dessin, Berlin
Foodstyling
Carl Trahan, Berlin
Fotografie Titel und Rezepte
Gianni Plescia, Berlin

Weitere Fotos
fotolia: WOGI (S. 8), VRD (S. 11), Samantha Grandy (S. 12), Sergei Didyk (S. 12), Andrzej Wodarczyk (S. 14), Barbara Pheby (S. 15), DeVIce (S. 15), Alex Staroseltsev (S. 15), Sandra Brunsch (S. 16), jet (S. 16), Ilkka Kukko (S. 17), Gradt (S. 17), Bernd Jürgens (S. 18), Christian Jung (S. 18), Iosif Szasz-Fabian (S. 19), mhp (S. 20), konsole (S. 20), Barbro Bergfeldt (S. 21), Jan Habbo Brüning (S. 21), Jack Ladowski (S. 21);
Gianni Plescia (S. 18, 19), Antje Plewinski (S. 19)
Produktion
Vera Göring
Verlagsherstellung
Rita Brosius (Ltg.), Susanne Beeh
Litho
tiff.any GmbH, Berlin
Druck
Rasch Druckerei und Verlag GmbH & Co. KG, Bramsche

Einzelbestellung:
Stiftung Warentest
Tel.: 0 180 5/00 24 67
Fax: 0 180 5/00 24 68
(je 14 Cent pro Minute aus dem Festnetz)
www.test.de/shop

ISBN: 978-3-86851-011-9